前言 PREFACE

当我第一次听到“区块链”这个词的时候，非常好奇怎么会有这么一个古怪的名字。在查阅相关资料，了解这个词背后的含义时，我也仅有如下模糊的印象：区块链是比特币背后的一种技术，相较于“人工智能”“深度学习”“大数据”“工业4.0”等目前流行的新技术，这是很让人费解的一个技术概念。

2017年年初，在四川奥游创世科技公司的推动下，我们研究院和奥游公司合作成立了“区块链技术研究中心”，开始了我们团队对区块链技术的深入研究。在推进区块链技术研发的过程中，我们深感国内有关区块链实践资料的匮乏，目前市场上可见的区块链书籍多以概念、理论为主，而网络上所查找的资料又过于零碎。为指导研究中心技术人员的技术开发工作，同时也为了帮助广大区块链技术研究“新人”避免一进入这个领域就迷失在繁杂、新奇的技术术语中，我们觉得很有必要把我们所知道的，以及我们实践所得的各种区块链项目开发经验进行系统总结，帮助技术人员快速熟悉区块链技术概念并展开相关的应用开发。我们以此为动力开始了本书的编写。

在区块链技术资料的分析研究中，有几个问题一直在我的脑中萦绕：“我们为什么需要区块链？”“区块链的本质是什么？”“区块链适用于哪些地方？”对这几个问题的正确理解无疑有助于人们消除对区块链的过度追捧，并能在适当的时间、适当的场景选用合适的区块链解决方案，既不轻忽其意义，又不盲目认为其无所不能。

“区块链绝对不是为计算效率而生。”这是应用区块链的一大禁忌。基于P2P网络，大盘的网络节点保存同一份数据，执行同样的运算，而且浪费大量电力去解与计算结果几乎毫无关系的数学难题，这其实是低效的甚至是浪费的。因此，如果想追求高效计算的场景和计算成本极度敏感的场景，看到区块链还是绕道而行吧。

但为什么需要区块链呢？要回答这个问题，可以从了解区块链的技术体系开始。以代表着当前区块链先进技术架构与体系的区块链二代技术——以太坊为例：以太坊通过6层技术体系，以非对称加解密、散列计算为基础，确保同一网络的区块数据的唯一性、一致性与不易篡改性；以P2P协议为基础，在没有中心化平台的参与及在节点自由进出的环境下，实现网络中所有节点数据的同步和相互服务，并确保不依赖于中心平台网络的可靠性与稳定性；通过复杂和高成本的共识与激励机制，保证新封装进链的区块数据的唯一性与高可靠性。

以太坊通过这么多复杂技术、机制的集中应用，采用如此高昂的计算代价究竟解决了什么问题呢？分析以太坊基础网络各层技术方案，我们似乎可以得到这个答案：以太坊基础网络所集中解决的问题，是不依赖于垄断、权威的第三方平台，在高度崇尚开放的互联网环境下的“信任”问题。

“信任”是什么？在现实社会中，人与人、人与组织、组织与组织、人与社会、人与国家，每天人们都在为这复杂的“信任”网络努力工作，花费了大量的时间、金钱与精力，可以说“信任”是人类社会关系运行最重要的基础和最昂贵的东西之一。

互联网是一个什么样的世界呢？万物互联、从未谋面、瞬息参与。在传统模式的互联网世界，人和物之间直接建立“信任”是非常困难的，因此，长期以来仍需依赖线下世界的权威、官方、品牌来背书。这种在互联

区块链2.0

以太坊应用开发指南

赵其刚 陆斌 赵其国 编著

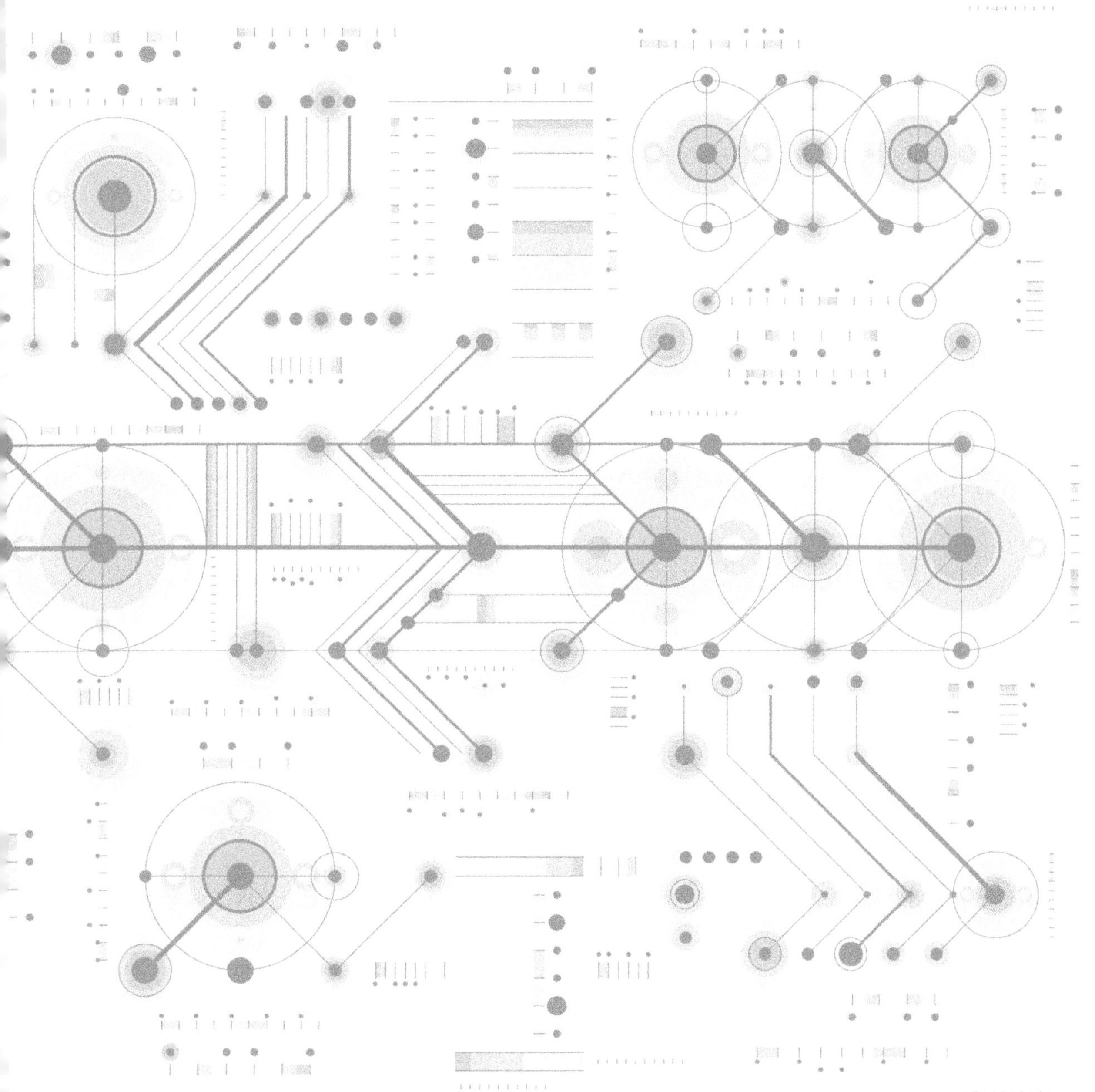

人民邮电出版社

北 京

图书在版编目（C I P）数据

区块链2.0 : 以太坊应用开发指南 / 赵其刚, 陆斌, 赵其国编著. -- 北京 : 人民邮电出版社, 2018.7
ISBN 978-7-115-48483-3

Ⅰ. ①区… Ⅱ. ①赵… ②陆… ③赵… Ⅲ. ①电子商务一支付方式一研究 Ⅳ. ①F713.36

中国版本图书馆CIP数据核字(2018)第095142号

内 容 提 要

本书主要介绍区块链第二代技术主导平台“以太坊”的应用开发方法。第 1 章主要讲解区块链的概念、发展历程、区块链的应用本质及思维模式；第 2 章主要讲解以太坊的技术原理、体系及其他重要基本概念；第 3 章主要讲解以太坊的安装、网络的配置及应用开发环境的搭建；第 4 章主要讲解以太坊应用开发的接口方式；第 5 章主要讲解以太坊的核心创新——智能合约的开发、编译、部署与应用；第 6～8 章主要讲解以太坊的经典应用案例、众筹的技术特征及去中心化自治组织等智能合约的创建思路、原理与源码。

本书主要面向有志于从事区块链研究，特别是以太坊应用开发的相关技术人员、管理人员及兴趣爱好者，同时可作为本科生、硕士研究生等学生学习与研究区块链技术的参考书籍。

◆ 编　　著　赵其刚　陆　斌　赵其国
责任编辑　李　莎
责任印制　马振武

◆ 人民邮电出版社出版发行　　北京市丰台区成寿寺路 11 号
邮编　100164　　电子邮件　315@ptpress.com.cn
网址　http://www.ptpress.com.cn

◆ 开本：700×1000　1/16
印张：15.25
字数：194 千字　　2018 年 7 月第 1 版
2018 年 7 月北京第 1 次印刷

定价：59.00 元

读者服务热线：(010)81055410　印装质量热线：(010)81055316
反盗版热线：(010)81055315
广告经营许可证：京东工商广登字 20170147 号

世界必须借助第三方平台来建立信任的模式，实质上通过互联网的“放大”效应变相地加剧了这些中心化平台的垄断、封闭与不均衡。这种状态实质上与互联网崇尚开放的精神背道而驰。回归互联网原旨精神，在不依赖第三方平台的条件下，区块链正在力图解决互联社会关系中的“信任”问题。这让互联网不再单单是一个可自由传递“信息”的网络，而成为一个可以自由承载“信任”及“价值”传递的平台。

在信息技术的应用历史中，长期以来人们都聚焦于一个问题——效率。无论是各类信息系统，还是当前的“物联网”“大数据”“人工智能”，其核心都专注于提升人们的“生产力”。而区块链则是在关注另一个重大课题：在开放的互联网社会中，在不依赖于第三方平台的条件下，如何构建可信的社会关系。

基于这个认识，我们团队对区块链作了一个定义：区块链是互联世界构建信任的技术基础设施。这里“互联世界”指明了区块链应用的环境是正蓬勃发展的互联网社会，特别是在不依赖于垄断、权威、封闭的第三方中心化平台下开放的互联网社会关系，“信任”是区块链旨在解决的核心课题，“技术基础设施”则是区块链的本质属性。

有了如上的定义与认识，将不难推导出区块链可以应用的领域：以“信任”为基础，反垄断、反封闭、反权威，需要开放，要求规则透明、智能运行的社会关系管理，即可通过区块链在互联网中映射，从而在互联网世界重构人类社会中已形成的各种社会关系，如经济合约、经济组织关系和社会组织关系等。

基于这些应用领域的项目的共同特点是需要有高度透明的运行机制、正确无误的智能执行、消费者的广泛参与及自由进出等。区块链，作为一种可以解决互联网世界可信社会关系的技术基础设施，正可以满足这些应用领域的需求，因而区块链也正展示其光明的应用前景和可观的社会经济价值。

因而，本书在系统阐释区块链二代技术——以太坊开发原理及方法的同时，也重点介绍几个基于智能合约的应用案例。为帮助广大读者全面了解区块链及其应用，我们特作以下说明。

（1）关于比特币、以太币等“虚拟币”。目前我国政府已明文规定“虚拟币”不具有法定货币的地位，因此，通过智能合约构建的无价值依托的“虚拟币”不得从事以人民币为对手的交易活动。使用智能合约以实体或数字资产为价值依托所创建的“虚拟币”，仅是实体或数字资产在区块链网络中的价值“符号”代表，其价值载体必须是实体或数字资产本身。

（2）关于股权众筹。本书仅介绍区块链当中的众筹智能合约的技术方法，包括技术方案、代码原理等，不涉及其相关的金融应用。在实际应用中，如果项目涉及股权众筹融资，是必须要得到相关监管部门批准的，但据我们所知，目前市场上还未有一家获得此牌照。因而，若项目涉及实际的金融应用，敬请留意国家关于股权众筹的相关政策法规。

成都高新信息技术研究院

赵其刚　博士

2017年9月18日

目录 CONTENTS

1 区块链概论

CHAPTER

2 以太坊工作原理与基础

CHAPTER

3 以太坊安装与开发环境配置

CHAPTER

4 以太坊应用接口

CHAPTER

5 智能合约编码、部署与应用

CHAPTER

6 智能合约“虚拟币”创建

CHAPTER

7 众筹智能合约设计

CHAPTER

8 去中心化自治组织

CHAPTER

1 区块链概论

CHAPTER

数字经济之父唐塔普斯科特（Don Tapscott）提出“不是机器人，不是大数据，甚至不是人工智能，而是区块链将引发人类第四次工业革命，并重新定义互联网甚至人类社会”。

1.1 区块链概念及应用

尽管“区块链”很像是在2016年由于比特币在世界范围内引起剧烈争议而突然产生的一个技术术语，但实际上，区块链从技术理论的提出，到今天的区块链2.0，已经历二十多年的发展。

1.1.1 ▷ 区块链发展历程

早在1991年，斯图尔特·哈伯（Stuart Haber）和史葛托尔内塔（W. Scott Stornetta）就在论坛中提出了关于区块的加密保护链产品。之后，分别由罗斯安德森（Ross J. Anderson）与布鲁斯·施奈尔（Bruce Schneier）、凯尔西（John Kelsey）在1996年和1998年发表相关产品。尼克·萨博（Nick Szabo）在1998年进行了“虚拟币”分散化的机制研究，他将其命名为比特金。2000年，斯特凡·康斯特（Stefan Konst）发表了加密保护链的统一理论，并提出了一整套实施方案。

2008年爆发全球金融危机，当时有人用“中本聪”的化名发表了一篇论文，描述了“比特币”的产生模式。2009年，比特币诞生，其到2140年将达到2 100万个的总量上限，现在被挖出的比特币总量已经超过1 200万个。目前各国政府对待比特币的政策区别较大，在我国比特币不具有法定货币的地位，只是一种特定的虚拟商品。它对社会的贡献和价值主要在于其通过实践验证了其背后的支撑技术——区块链。

2014年，维塔利克·布特瑞（Vitalik Buterin）、加文伍德（Gavin Wood）和杰夫瑞·威尔克（Jeffrey Wilcke）开始开发下一代区块链平台——以太坊（Ethereum），其目标是创建可基于该平台执行可编程的、具有图灵完备的智能合约代码。智能合约的支持是以太坊相对比特币来说最核心的创新之一，并为区块链创造了广阔的应用前景。因此，区块链也由一个互联网普通用户使用的“虚拟币”支撑技术演变为受到IBM、微软、谷歌等互联网界豪门争相研究与布局的互联网技术“新贵”。

2015年，IBM的Linux基金会推出了“开放账本项目（Open Ledger Project）”，埃森哲（Accenture）、澳新银行、思科、第一信贷、德意志交易所、DAH数字资产控股、DTCC、富士通、IC3、英特尔、摩根大通、伦敦证券交易所集团、三菱UFJ金融集团、R3、State Street、SWIFT、VMware和富国银行加入了该计划。

2016年，俄罗斯联邦中央证券存管机构（NSD）宣布了一个基于区块链技术的试点项目。许多在音乐产业中具有监管权的机构开始利用区块链技术建立测试模型，用来征收版税和进行世界范围内的版权管理。

自2016年10月我国工业和信息化部发布《中国区块链技术和应用发展白皮书（2016）》及2016年12月区块链被作为战略性前沿技术、颠覆性技术写入国务院发布的《“十三五”国家信息化规划》以来，区块链日益受到我国政府的重视和关注，各地政府纷纷出台有关区块链的政策指导意见及通知文件，比如2017年6月，贵阳市人民政府办公厅印发了《关于支持区块链发展和应用的若干政策措施（试行）的通知》，山东省市北区人民政府印发了《关于加快区块链产业发展的意见（实行）》，2017年11月，重庆市经济和信息化委员会发布《关于加快区块链产业培育及创新应用的意见》等，甚至多个省份将区块链列入本省“十三五”战略发展规划。

到今天，区块链已经成为与“物联网”“云计算”“大数据”“人工智能”等互联网技术热点并驾齐驱的互联网技术“新贵”。

1.1.2 ▷ 区块链的概念

目前有关区块链尚无统一和权威的定义，对区块链的公开解释主要是从其技术特征角度进行描述，并有狭义与广义之分。

1. 区块链的狭义解释

区块链是一种块链式的数据结构，区块之间按照时间顺序相连，通过密码学方式保证数据不易篡改和不易伪造，并在网络所有节点进行分布式存储的共享账本。可见，狭义的区块链特指区块链技术体系中特殊的技术组成部分——具有“区块”+“链”结构的分布式账本，但是，狭义的区块链并不能完整描述区块链的技术体系，因而有了广义区块链的描述。

2. 区块链的广义解释

区块链是利用块链式共享账本来验证与存储数据、利用P2P分布式节点共识算法来生成和更新数据、利用密码学的方式保证数据传输和访问的安全、利用由自动执行的脚本代码组成的智能合约来编程和操作数据的一种全新的分布式计算可信网络或计算公证网络。从广义区块链的描述可知，目前对区块链的解释是用区块链技术体系中比较特殊的组成部分“共享分布式账本”来构建一个全新的计算架构与技术体系。

对以“人”为中心的人类社会而言，技术是一种手段。区块链究竟解决了互联世界的什么问题？其本质是什么？能在哪些场景为人类服务？这是研究和发展区块链技术的几个根本问题。只有非常清楚区块链技术背后的本质和意义，才能在区块链的创新、应用与技术开发过程中不致盲目跟风或迷失方向。

从现有的区块链概念描述和技术体系中，可以知道区块链各层技术都围绕如下几个核心特征工作。

（1）去中心化。区块链基于P2P网络，使用分布式计算和存储，网络中的节点具有相同的权利和义务，区块链数据由具有维护功能的节点来自动共同维护。去中心化网络架构使区块链在节点自由进出的环境下，脱离了对第三方平台的依赖。

（2）数据不易篡改。区块链数据一旦经过验证并添加至区块链，就相当于是永久存储，数据的稳定性和可靠性极高。若想修改区块链中的数据，只在单个或少数节点上进行修改是无效的，必须同时控制51%以上的网络节点（算力或权重）才行，而这对已经取得广泛分布性的区块链网络来说几乎是不可能的。因而，相对于传统技术架构的网络，区块链中的数据因其不易篡改而更为安全可靠。

（3）自治性。区块链基于算法与机制，由软件与机器自动实现协商一致的规范和协议，使系统中的节点能够在不依赖对“人”的信任环境下相对自由安全地交换数据，使得对“人”的信任改成了对机器和数学算法的信任。

（4）开放性。区块链的数据、机制甚至其实现的源代码对所有人公开，任何人都可以通过公开的接口查询区块链数据、机制，并能开发相关应用，因而区块链系统是信息高度透明的系统，这确保互联网用户得以平等地参与。

（5）匿名性。区块链用户使用账户与密钥基于本地区块链客户端存取数据，由共识机制选定节点统一向区块链加入区块数据，所存取数据通过P2P网络同步实现全网用户间的交互。用户间的交易基于加密账户而无须公开身份，并且交易地址无法跟踪，用户可匿名参与区块链的各类应用，用户隐私得以保护。

可见，区块链通过一系列的技术措施，目的是确保在开放的互联网络中，在不依赖第三方平台，甚至不需要参与者身份的条件下，进行“可信”的信息与价值传递。这能降低社会关系中构建“信任”的成本，因为这些“信任”不再依赖于权威与垄断的第三方，人们也就不需要为累积“信任”耗费大量的时间、金钱与精力。所以说，区块链通过数学证明、规则公开、信息透明、中立机器等技术机制与设施向人类社会提供了另外一条构建“信任”的思路：若人们相信“人”与“人类的机构”的代价太高，为何不可考虑相信“成本低廉且规则透明、确定执行的机制和中立公平的信息机器”呢？

基于上述对区块链应用本质的认识，下面给出区块链的定义：区块链是互联网世界构建信任的技术基础设施。对于这个定义，有如下延展说明。

（1）区块链的应用场景与前提是在人类社会的发展中影响越来越大的互联网虚拟世界，在这个世界中普通用户是主人，未来普通用户的世界就是人类社会的世界。

（2）现实社会关系将不断在互联网虚拟世界中投射与重构，开放的互联网原旨精神将持续优化和升级人与人之间的各种社会关系。

（3）支持“信任”是区块链技术在互联网虚拟世界中的核心使命与价值本质。

（4）技术基础设施是区块链的本质属性。

1.1.3 ▷ 区块链的应用

了解区块链的应用本质，就能较容易地理解区块链的典型应用场景。

1. 金融领域

金融领域是区块链较早应用的领域，目前应该说已取得了初步成功，可以预见未来还将在各个领域、各个国家产生更多的基于区块链具有不同影响的金融衍生品。特别是区块链的去中心化、去信任等特征，将推动互联网金融的发展。

2. 保险行业

一方面诸如医疗信息、个人征信数据引入并存储于区块链，并将成为每一个人的数字身份，这些数据真实可信，不易篡改，实时同步，终身有效，这将为投保人的风险管理带来巨大价值；另一方面，区块链智能合约的支持可实现不依赖于人的自主投保和智能赔付，这可以极大地提升保险机构的运行效率并降低成本。

3. 物联网与共享经济

在区块链物联网中可以为每一个物理设备分配地址，并结合物联网设备为该地址注入一定的费用，可以执行相关操作，从而达到物联网的应用，如PM2.5监测点数据获取、服务器租赁、网络摄像头数据调用、DNS服务器等。同时，通过物联网将现实物质世界与区块链所构建的虚拟社会有效连接在一起，从而更大范围地推动社会运行效率与共享经济的发展。

4. 法律行业

基于区块链数据的不易篡改性，可将各类认证、所有权证和证书如房屋产权、土地所有权、承包权、文凭等基于区块链登记、查询，并能实现所有权、使用权的高效鉴别与快速流转。

5. 文化艺术行业

针对如音乐、字画等任何类型的艺术品，可基于区块链进行数字形式发布，艺术家们可以使用区块链技术来声明所有权，发行可编号、限量版的作品，以数字加密形式保护和流转。

6. 房地产行业

基于区块链让整个产业链流程实现自动化、智能化，解决产业链中每个参与者在房地产开发、运营、使用，以及产权交易、租售中的各种关系，包括命名过程、土地登记、代理中介、产权交易、房屋出租等。

1.1.4 ▷ 区块链不适用场景及风险

在区块链概念盛兴的时候，技术人员需要保持冷静，区块链的技术特征决定了其并非万能。由于区块链基于P2P网络，需要全网络所有节点保存同一份数据，执行同样的运算，而且如采用工作量证明（POW）

共识机制还要浪费大量电力去解与计算结果几乎毫无关系的数学难题，这种计算效率其实是低效的，且浪费严重。因此，至少如下场景不适合采用区块链。

（1）在需要高效计算的场合，并不适宜采用区块链，如对计算速度要求极高的科学计算，大规模数据统计、分析与挖掘，人工智能学习与模型训练等。

（2）对计算和应用部署成本敏感的应用，如一般性的信息发布、展示或宣传，不适宜采用区块链。

（3）在需要系统封闭运行并独自拥有的场合，如各类机构、企业的私有系统，也不适宜采用区块链。

区块链之所以能立足于互联网中作为建立“信任”的基础设施，其核心原因在于其技术体系和机制保证了高可靠性与高安全性，但是，正如曾经指出基于以太坊The DAO项目九大漏洞并随后应验的美国著名计算机专家、康奈尔大学助理教授额明·昆（Emin Gün Sire）所讲：“区块链最终会拥有伟大的前景，但在此之前会面临很多失败。”具体的区块链项目在实际的运行中仍然可能面临不可小视的安全风险，正如The DAO项目所展示的那样：这些安全问题往往不是区块链的技术体系与机制本身的问题，而是人们自身疏忽或对网络安全漠视的问题。

1.2 区块链2.0：以太坊

区块链1.0主要是“虚拟币”的相关应用；区块链2.0是以太币与智能合约相结合，实现除金融领域外更广泛的场景和流程应用，其典型代表有以太坊、超级账本，其中以太坊由于对智能合约近乎完美的支持，而被称为“全球计算机”。

1.2.1 ▷ 区块链2.0特征

区块链2.0实现了智能合约的功能，从而使区块链系统具有图灵完备的计算能力，可以在区块链上传和执行应用程序，并且程序的有效执行能得到保证。相对于区块链1.0，区块链2.0有如下优势。

（1）支持智能合约。区块链2.0定位于应用平台，在这个平台上，可以发布各种智能合约，并能与其他外部IT系统进行数据交互和处理，从而实现各种行业应用。

（2）交易速度更快。通过采用实用拜占庭容错（PBFT）、权益证明（POS）、分布式权益证明（DPOS）等新的共识机制，区块链2.0的交易速度有了很大的提高，峰值速度已经超过了3 000TPS（每秒处理交易数量），远远高于区块链1.0的5TPS，已经能够满足大部分的金融应用场景。

（3）支持信息加密。区块链2.0因为支持完整的程序运行，可以通过智能合约对发送和接收的信息进行自定义加密和解密，从而达到保护企业和用户隐私的目的，同时零知识证明等先进密码学技术的应用进一步推动了其隐私性的发展。

（4）绿色环保。为了维护网络共识，比特币使用的算力超过122 029 TH/s，相当于5 000台天河2号A运算速度，每天耗电超过2 000MWh。区块链2.0采用PBFT、DPOS、POS等新共识机制的客户端，将不再需要通过消耗算力达成共识，使其能绿色环保地部署。

1.2.2 ▷ 以太坊及关键支撑技术

以太坊是区块链2.0的代表，由1994年出生的程序员维塔利克·布特瑞带头创建，该平台可以通过编程来执行任意复杂度的计算，因此可支持诸多去中心化应用场景，很多分布式应用均可基于该平台来开发和部署。作为一个支持各类去中心化应用开发的基础性平台，以太坊当前受到区块链业界非常广泛的关注和重视，是目前区块链应用开发领域中最耀眼的明星之一。

以太坊沿用了区块链1.0中已实践证明行之有效的技术与机制，如非对称加解密、散列（Hash）计算、共识机制、P2P协议等，另外也加入了一些自身的独到创新，如虚拟机、智能合约。以太坊所采用的关键算法及技术如下。

1. 非对称加解密

非对称加解密算法包括两个密钥：公开密钥和私有密钥。公钥与私钥是一对，如果用公钥对数据进行加密，只有对应私钥才能解密；如果用私钥对数据加密，那么只有对应公钥才能解密。加密和解密使用的是两个不同的密钥，这种算法称为非对称加解密算法。

非对称加解密算法实现机密信息交换的基本过程：甲方生成一对密钥并将其中的一个作为公用密钥向其他方公开；得到该公用密钥的乙方使用该密钥对机密信息进行加密后再发送给甲方；甲方再用自己保存的另一个专用密钥对加密后的信息进行解密。区块链中使用非对称加解密来建立用户的账户，并对交易和消息签名和签收。

2. 散列算法

散列算法是一种单向密码体制，它是一个从明文到密文的不可逆映射，只有加密过程，没有解密过程。散列函数可以将任意长度的输入经过变化后得到固定长度的输出。散列函数的这种单向特征和输出数据长度固定的特征使得它可以生成消息或者数据。散列算法将任意长度的二进制值映射为较短的固定长度的二进制值，这个小的二进制值称为散列值。散列值的数据是唯一的，且通过极其紧凑的数值来表示。如果散列一段明文而且哪怕只更改该段落的一个字母，随后的散列都将产生不同的值。要找到散列为同一个值的两个不同的输入，在计算上是不可能的，所以数据的散列值可以检验数据的完整性。

散列算法在区块链中获得了广泛的应用，如区块、交易的编号（地址）和内容验证、共识机制中挖矿节点对随机数的搜索与区块散列验证。常见的散列算法有SHA1、SHA256、SHA512，在以太坊中就运用了SHA256。

3. P2P网络

P2P网络，即对等计算机网络，是一种在对等者（peer）之间分配任务和工作负载的分布式应用架构，是对等计算模型在应用层形成的一种组网或网络形式。网络的参与者共享他们所拥有的一部分硬件资源（处理能力、存储能力、网络连接能力、打印机等），这些共享资源通过网络提供服务和内容，能被其他对等节点直接访问而无须经过中间实体。在此网络中的参与者既是资源、服务和内容的提供者（Server），又是资源、服务和内容的获取者（Client）。

区块链网络就是一个P2P网络，每个区块链网络节点就是一个Peer。

4. 共识机制

共识机制是区块链事务达成分布式共识的数学算法，由于点对点网络下存在较高的网络延迟，各个节点所观察到的事务先后顺序不可能完全一致。因此，区块链系统需要设计一种机制对在差不多时间内发生的事务的先后顺序进行共识。这种对一个时间窗口内的事务的先后顺序达成共识的算法被称为“共识机制”。区块链常用的共识机制主要有工作量证明（POW）和权益证明（POS）两种。

POW：具有算法简单，容易实现，节点间无须交换额外的信息，破坏系统需要投入极大的成本等优点，但也具有浪费能源、区块的确认时间难以缩短、容易产生分叉、需要等待多个确认等缺点。

POS：将POW中的算力改为系统权益，拥有权益越大则成为下一个记账人的概率越大。这种机制的优点是不像POW那么费电，但也具有容易产生分叉、需要等待多个确认、需要检查点机制来弥补最终性等缺点。DPOS在POS的基础上，将记账人的角色专业化，先通过权益来选出记账人，然后记账人之间再轮流记账。

5. 以太坊虚拟机

以太坊虚拟机（Ethereum Virtual Machine，EVM）是由以太坊客户端软件提供的具有完整系统功能，可灵活支持各类去中心化应用的代码执行环境。它可以执行任意复杂度的算法代码，因而在计算机科学术语中，以太坊是图灵完备的。开发人员能够使用编程友好的高级语言，如类JavaScript和Python，创建运行在以太坊虚拟机上的应用程序。此部分内容将在第2章进行详细介绍。

6. 智能合约语言——Solidity

Solidity是以太坊中用于编写智能合约的面向对象的程序设计语言。Solidity可用于各类区块链平台智能合约的实现编程。由加文·伍德（Gavin Wood）、克瑞斯·锐伟斯勒（Christian Reitwiessner）、亚历克斯·柏瑞扎兹（Alex Beregszaszi）、姚奇·哈瑞（Yoichi Hirai）和几个前以太坊核心人员创建。Solidity是一种类JavaScript语言，编码风格与JavaScript的类同，支持图灵完备的程序代码设计。

1.2.3 ▷ 以太坊：区块链2.0工业开发标准

目前区块链2.0的技术架构主要有以太坊和Linux基金会于2015年发起的超级账本（Hyperledger）。以太坊由于技术架构的清晰定义、行业的广泛支持与生态系统的成熟，已逐步成为区块链上的工业开发标准，是区块链从业者应该首选的学习内容之一。

从体系结构上来看，以太坊共包括6层结构，如图1.1所示。

1. 数据层

以太坊数据层是一个“区块”+“链”的数据结构，本质是一个分布式区块链，以非对称加解密、散列计算等技术为基础，确保一个区块链数据账本决定一个网络，每个区块链的数据不易篡改。

图 1.1　以太坊体系结构

2. 网络层

以太坊网络层遵循P2P协议，确保网络的开放和稳定服务，互联网用户的自由、平等参与和区块链数据的同步等。

3. 共识层

共识层决定区块链的记账权获取机制。采用POW，电脑的性能越好，封装区块越容易成功并获得“虚拟币”奖励；采用POS，类似股份公司股权的概念，会根据持有的“虚拟币”数量和时间，由“股权”拥有者按其“权益”比例获得区块封装权利，并根据封装区块获得挖矿奖励。

4. 激励层

激励层即以太坊的挖矿机制，是对为网络提供计算及验证服务的矿工的奖励措施。当前以太坊对成功封装并被网络确认一个区块的奖励是系统通过增发授予矿工5个“虚拟币”，同时矿工获得当前区块所有交易所发送的燃料。此外，以太坊对成功挖矿并成功封装区块但未被纳入主链的“叔区块”也有奖励，奖励金额为正常区块的87.5%。

5. 合约层

在区块链1.0中是没有这一层的（或者这一层功能很弱，仅能执行一些简单功能），所以区块链1.0只能进行“虚拟币”的相关应用，而无法用于其他领域或说是无法进行其他的逻辑处理。合约层的出现，使得在“虚拟币”以外的其他领域使用区块链有了可能，比如用于物联网（IOT）。在以太坊中，本部分包括了以太坊虚拟机和智能合约两个组成部分。

6. 应用层

区块链的展示层与业务层，以太坊通过使用Web3等应用接口，使各类应用与区块链集成，区块链的应用层可以是移动端、Web端，或是直接融合进现有的业务服务器，把当前的业务服务器当成应用层。

以太坊通过6层技术架构的清晰分工协作，有效地保证了区块链技术体系的系统性、完整性、灵活性与开放性，将为区块链技术不断发展、演变和广泛应用奠定坚实的基础。

1.3 区块链创造历史的机遇

区块链既是一个技术体系，又是一种思维模式、新型软件定义框架与颠覆性的创新机遇。在区块链的创新与应用发展过程中，程序员可以从技术本质上理解区块链。但仅有技术理解和思维是不够的，程序员应该了解和掌握除了技术以外的一些技能，因为区块链的出现让人们面临又一次技术开启历史的机遇与挑战。

1.3.1 ▷ 程序员的区块链思维

在区块链创新应用与开发中，需要坚持区块链思维，区块链思维是有效推进区块链创新工作的核心要义。

去中心化：去中心化是区块链开发者要坚持的一个重要思维习惯。每拿到一个应用项目，首先要思考的问题是："这个能去中心化吗？"不仅高价值数据资产及相关运算要考虑去中心化，如普通Web数据访问存储在今后也可能是去中心化的，而且在整个项目设计、管理、实施的过程中通过去中心化思考可能还会获得意想不到的新特性、新性能和新应用。

透明开放：坚持机制、规则、代码的透明开放，透明开放是获得更多人积极参与的前提和基础。不要试图黑箱运行高明专利与独门利器，在区块链中会被孤立。

协同合作：不要试图一个人或一个机构独自完成所有工作和享有所有回报，要习惯人与人之间、团队与团队之间协同合作，共襄壮举，共定游戏规则，共获回报，"有钱捧钱场，没钱捧人场"。

相信算法：在区块链，可以相信算法、机制与中立机器。相信机制、规则与社会关系可用算法描述，算法与机器没有偏见，它们可以做得很好，但需要持续发展和优化。

1.3.2 ▷ 用区块链模拟定义社会

在信息化时代，现实世界的许多东西都可以用程序来描述并优化。区块链是描述人类社会关系的一种工具，可以从人类社会的基本单元"人"的描述开始，描述经济关系、社会关系，并进而描述经济组织、社会组织及整个社会。一旦知道了这些关系的描述模型，并掌握了在互联网虚拟世界如何映射的方法，技术人员就知道如何进一步优化和提升它。

表1.1是有关以人为中心的社会关系在区块链中描述的框架要点，本

书的第6～8章将给出这些关系描述与实现的典型案例。

表1.1　区块链对社会的描述

描述对象	对象属性要点	区块链描述方案要点
人	人的属性主要包括如下3个维度。 （1）需求属性：生理需求、安全需求、精神需求与价值需求（参见马斯洛人的需求描述模型）； （2）经济属性：以货币为单元的所有关系、各类别的财产所有关系； （3）社会属性：家庭关系、工作关系、社群关系。	区块链账户实现对人的身份定位与描述； 以账户与智能合约的关系实现人的社会关系描述（参见本书第8章案例）； 基于人的账户、经济关系、社会关系的各类应用系统描述人的需求属性及实现。
物	物质实体的构成要件包括以下3点。 （1）归属属性：被谁所拥有； （2）功能属性：用途； （3）执行属性：在智能化条件下受控所有者的指令。	区块链中通过物联网实现与物质实体的绑定，通过对物质实体所有权与账户绑定实现归属权的映射； 通过智能合约定义物理实体的功能属性； 通过所有者向物理实体智能合约发送命令交易，实现物理实体的功能控制映射。
经济	经济活动关系主要构成要件有以下3点。 （1）流通货币（钱）； （2）物质、非物质财产的权属（所有权、经营权、使用权）； （3）交易市场。	以各类中心化或去中心组织实现对现实组织的映射（参见本书第6、7章）。

续表

描述对象	对象属性要点	区块链描述方案要点
组织	组织活动关系主要构成要件如下。 （1）组织的决策：由组织的所有权结构决定； （2）行政：由组织决策程序产生的行政权力； （3）流程：由行政权力制下的组织业务流程程序。	通过智能合约描述实现现实经济组织、社会组织的决策流程、行政流程与业务流程在区块链的映射（参见本书第7、8章案例）。
社会	社会构成要件有如下3点。 （1）自然人：各类拥有经济关系与社会关系的自然人构成社会基本单元； （2）法人组织：各类私有、公立、行业法人主体构成社会组织单元； （3）物理空间：现实世界的物理空间、物质流通场景。	以分布式P2P网络为基础，实现各类现实物理实体、自然人、经济组织、社会组织基于区块链物联网、账户、智能合约在区块链上的映射及各类活动关系的频繁交易、互动，构成了基于互联网络的、可信的区块链虚拟社会活动关系和生态系统。

既然区块链能在互联网虚拟世界中重构和定义一个可信的社会，在这个快速传递信息与价值的世界中又将产生多少创新的机遇与挑战呢?

1.3.3 ▷ 挑战传统中心化系统

互联网崇尚开放，反封闭与权威。互联网垄断实质上是与互联网原旨精神高度违背的。互联网形成垄断主要有如下两个原因：①互联网提供了信息自由传输的平台，但同时也是一个信息泛滥和可信度极差的空间，对高度敏感的价值传递及商业交易，人们的信任仍然建立在传统第三方平台的品牌、权威、信誉的基础上；②互联网服务零边际成本扩张的虹吸效应，造成好的越好、差的越差，从而加速行业垄断的形成。

如果说互联网垄断形成的重要原因是在互联网发展历史的某一阶段中，由于缺少在互联网上构建信任的基础设施，使人们不得不借助第三方平台的品牌、权威与信誉来背书，这种信任变相加剧了互联网垄断的形成，那么今天当人们拥有了能够不依赖第三方平台的“信任”基础设施，互联网的垄断格局是否可能重构呢？

区块链的出现，让人们看到这不仅在理念上可行，在实践上也具有现实的可操作性。在电商、即时通信、公共服务，以及各类共享经济领域，基于开放、合作、协同的理念，基于去中心化的“信任”基础设施，为什么就没有这种可行性呢？

这个问题还是留给互联网广大用户和时间来作答吧！

思考题

❶ 区块链为什么较早诞生于金融领域？根据你的理解，区块链将为金融领域带来什么样的影响？

❷ 如果基于区块链来改造现有中心化平台，所要改造的要点有哪些？结合你所熟悉的中心化平台提出改进方案。

2 以太坊工作原理与基础

CHAPTER

以太坊不仅结合了区块链1.0的特性和技术，同时也引入了许多新的改进和其自身独有的创新。特别是以太坊引入了支持图灵完备的智能合约，使区块链的适用范围得到了很大的扩展，并因此推动区块链成为一个能支持各类社会关系在互联网中映射和实现这些社会关系智能化的技术基础设施。

对智能合约的引进和支持，使以太坊已远超“虚拟币”的范畴，不再是一个单一的应用，而成为一个公共性的技术基础平台，这个平台就正如前文所提到的是在互联社会构建“可信”社会关系的技术基础。

2.1 以太坊工作原理

以太坊要在互联网世界中把原来对人的信任转变为对数学原理、对技术和对机器的信任，显然并不简单，但这是通过一整套清晰、严谨而又复杂的技术体系来实现的。

2.1.1 ▷ 以太坊基本术语

本节主要介绍以太坊中常用的一些专业术语。

区块（Block）：由区块头与区块体构成，区块头包括区块描述信息、上一区块的散列值、时间戳等，区块体是该时间段的交易列表数据。

区块链（Blockchain）：区块之间通过区块头保存上一区块的散列值，使整个网络的区块数据构成了一个不易篡改的“链”式数据库。

账户（Account）：以太坊网络的基础工作单元，包括用户账户（EOA）和合约账户（COA）。用户账户由私钥控制；合约账户由其合约代码控制并且仅能由用户账户触发。

交易（Transaction）：区块链数据记录的基本单元，每一次转账行为、创建一个智能合约、调用一次智能合约均构成一个交易，交易需要消耗燃料。

工作量证明（POW）：目前以太坊主要采用的一种共识机制。在1.2.2节中已介绍其优缺点，这里重点介绍其运行规则：通过挖矿节点计算数学问题，最先算出的节点获得新区块封装权（即记账权），挖矿成功（即成功封装区块）的节点将获得一定量的“虚拟币”，获得新区块封装权的概率主要取决于挖矿节点在网络中的算力占比。

权益证明（POS）：正在发展的一种新的共识机制，也是目前以太坊采用的主要共识机制之一。不由算力来决定记账权，而由节点账户在网络中预先分配的权益大小来决定新区块封装的概率。

智能合约（Smart Contract）：一段可以由以太坊虚拟机解释执行的代码，创建时被存储于区块链上并获得一个合约账户（地址），执行时向该账户发送一个交易（即调用该合约，交易中包含有运行合约需要消耗的燃料及输入数据），由以太坊虚拟机调用合约代码执行。

以太币（Ether）：以太坊网络的基础“虚拟币”。它是以太坊网络的重要应用之一，也是以太坊网络的一个基础设施，可用于支持以太坊以智能合约为核心的各类应用的燃料消耗。（目前以太币在我国不具备法定货币的地位）

燃料（Gas）：以太坊提供了可执行图灵完备计算的智能合约，为避免网络资源被随意浪费、恶意滥用或攻击，要求交易发出账户需要为此次交易中所使用的计算资源消耗燃料。（如不做特殊说明，本书中的燃料均指在区块链上执行操作时所消耗资源的名称）。

2.1.2 ▷ 以太坊工作机制

以太坊继承了区块链1.0的技术特征，如非对称加解密实现不依赖第三方的点对点可信交互，P2P网络实现用户的自由参与和相互服务，共识机制确保全网区块数据的一致性，激励机制激发互联网用户的参与热情。不同的是，以太坊让这些底层的技术转变为基础支撑技术，而不再是支持单一的“虚拟币”应用，因此，以太坊的重点是通过对智能合约及虚拟机的实现来支持开放与灵活的各类区块链应用。

区块链1.0其实就是账户之间的系列转账交易列表，以太坊区块事实上也是记载账户之间的交易列表信息，不同的是以太坊所记录的交易信息内容有了较大的扩展，不仅包括转账信息，还包括智能合约代码信息、输入及计算结果数据等。

对于区块链2.0，在以太坊网络中可跟踪每个账户的状态，区块链上的状态改变就是账户之间相关数值和信息的传输。在以太坊网络上有两类账户：用户账户和合约账户。对大多数用户而言，两类账户之间的主要区别是：自然人用户控制用户账户，因为他们拥有能够控制用户账户的私钥；合约账户由它们的内部代码控制。当然，本质上来讲，合约代码仍然是由自然人用户所控制，因为合约代码由具有确定地址的用户账户触发，而用户账户又由掌握私钥的自然人控制。通用术语“智能合约”指的就是合约账户中的代码程序，当交易消息发送给该账户时可自动运行。用户能够通过在区块链中部署代码创建新的智能合约。

合约账户只能在用户账户发出命令后执行相应操作。因此，合约账户不可能自发地执行随机数发生器或API调用等操作，它只能在用户账户的触发下操作这些功能，合约的执行必须具有确定性，即合约在创建和部署时，技术人员就能确定合约执行的过程及可预期的结果。合约的达成在部署前就已明确，因而要让以太坊节点用户认同计算的结果，就需要严格地保证执行的确定无误。

以太坊引入了可编程的智能合约，这就使以太坊网络可能面临用户无休止循环执行智能合约代码，从而造成网络计算资源巨大浪费并最终崩溃的危险。正如2.1.1节所说，以太坊通过交易有偿计算来解决这个问题。

消耗的以太币由验证网络的节点所收取，这些验证网络的节点被称为矿工，它们在以太坊网络中接收、传播、验证和执行交易。这些矿工把所接收到的交易（包括很多以太坊网络中的账户状态更新）组成所谓的“区块”，然后相互竞争谁的区块能被加入到区块链中作为下一个区块。成功加入区块链下一个区块的矿工将获得以太币。这个激励措施鼓励大家把自身的硬件和电力资源投入到以太坊网络中。

为了实现POW，在区块链1.0中须大规模中心化使用特殊的硬件（如ASICs），而以太坊网络则采用“内存困难”计算问题。如果一个问题既需要内存也需要CPU，理想的硬件将是通用计算机。这个特点使以太坊的POW具有抗ASICs计算的能力，从而使之更具有去中心化的分布式安全能力。

2.1.3 ▷ 以太坊软件架构

以太坊的客户端按照数据层、网络层、共识层、激励层、合约层和应用层等6层构建，所包括的软件模块如图2.1所示。

以太坊的矿工（Miner）在一个分布式的网络（Network）中进行着挖矿操作，就是实现POW（或者POS）的一个共识算法过程。网络的同步（Sync）是指各矿工共识过程同步，共识后产生的新区块链（Blockchain）形成的最新账本也需要通过同步模块在各节点间实现数据同步。每产生一个新的区块（Block），需要通过共识过程对区块验证（Blockvalidator），即需要散列计算验证、签名、定序等。因此，区块链、共识机制、矿工、网络是以太坊产生和维护区块链的核心部件。

以太坊平台上的各种去中心化应用，需要编写并部署智能合约代码。智能合约代码通过以太坊虚拟机调用和解释执行，处理区块链与共识的相关事务，同时基于RPC协议（一种用于规范网络从远程计算机程序上请求服务的协议）进行挖矿和网络层事务的交互，从而实现各种交易如转账等具体应用。

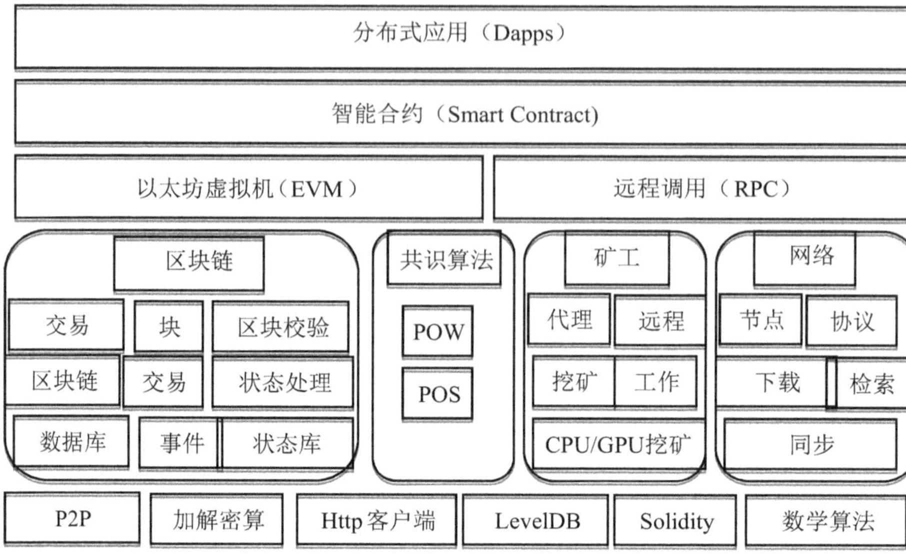

图 2.1　以太坊软件架构

2.2　以太坊客户端与网络

作为去中心化网络，以太坊的客户端基本代表了以太坊的全部。以太坊客户端既是客户端又是服务器，无数个对等的客户端组成以太坊网络。客户端既直接面向客户提供各种接口的相互操作，又与网络中的其他客户端形成P2P网络，实现区块链数据同步、执行共识机制、参与挖矿等。

2.2.1 ▷ 各类以太坊客户端

在以太坊项目的初期，不同操作系统上有多个客户端项目，这些客服端采用了不同的编程语言并具有不同的接口特点，但基于同样的协议，可以在同一个网络中交互和共生。多种客户端的出现实质上是以太坊网络繁荣的标志，同时也验证了以太坊黄皮书（以太坊所公开的有关以太坊原理及协议的详细说明文件）中所定义的以太坊协议的可靠性。

以太坊始终对新的创新保持开放，并确保参与的每个应用开放透明。

目前以太坊支持的客户端有go-ethereum、Parity、pyethapp和cpp-ethereum等。处于领先地位并被广泛应用的客户端是go-ethereum和Parity，这两个分别由以太坊基金会（Ethereum Foundation）和Ethcore支持，代表了以太坊非常高的水平，其中go-ethereum客户端应用非常广，Parity也因为一些显著的特征，如运行速度快、支持POS共识机制等，受到用户广泛的欢迎。

2.2.2 ▷ 以太坊虚拟机

以太坊虚拟机是以太坊客户端的重要组成部分。以太坊本身其实是一个可编程的区块链，具体是通过在客户端嵌入支持智能合约代码解释执行的以太坊虚拟机来实现的。不同于直接向用户提供一套已预先定义好的操作功能（如“虚拟币”的转账交易），以太坊允许用户根据自身的需求与意愿自行创建各种复杂度的操作功能。基于这个能力，以太坊在很多不同类型的去中心化区块链应用（包括但不限于加密“虚拟币”）中转变为一个平台。基于该平台，用户可以灵活创建各类基于公共账本的去中心化应用。

以太坊数据库的维护和更新由连入网络的很多节点共同完成。网络中的每个节点都运行以太坊虚拟机和执行相同的命令。这也是以太坊被称为“全球计算机”的主要原因。

这种跨整个以太坊网络的巨大并行计算，其目标并不是让计算更加高效。事实上，以太坊上的计算相对传统计算机上的计算更慢、更贵。以太坊上的每个节点均运行以太坊虚拟机是为了在整个区块链上达成共识。去中心化共识让以太坊具有了容错能力极强、零停机时间、放在区块链上的数据不易篡改等特性。

以太坊平台本身是无状态、无特定应用的，或者可以说是“中性”

的。类似于程序设计语言，它是由企业家和开发人员来决定其具体用途的。但是，只有一些特定类型的应用可以受益于以太坊的特殊能力，特别是以太坊适合节点间自动直接支付应用或者保证跨网络的群体行动能协调一致等应用场景，比如协调点对点市场的应用，或者复杂金融合约的自动化执行等。

理论上，各种复杂度的金融交易或交换都能够通过使用运行在以太坊上的代码实现。除了金融应用，在其他需要信任、安全和持久性的场景，如财产登记、投票、监管和物联网等，都可能受到以太坊的巨大影响。

2.2.3 ▷ 以太坊网络

以太坊网络是由很多运行以太坊客户端的节点构成的P2P网络，这些节点将维护和保证区块链数据安全，维护网络的稳定，执行以太坊分布式共识机制，向以太坊用户提供可持续服务。

当前绝大部分以太坊项目直接采用以太坊公有链网络（简称公有网络），因为这个链上已聚集了大量的用户、网络节点和“虚拟币”。但是，也有一些场景需要用以太坊客户端来搭建以太坊私有链网络（简称私有网络）和以太坊联盟链网络（在一群相互可信的联盟伙伴之间构建）。在垂直领域，一定数量的企业如银行就把以太坊作为它们自身私有链的一个基础网络平台。

基于以太坊客户端可以搭建3种不同类型的以太坊网络，这3种不同网络的主要区别如下。

1. 公有链

公有链是一种世界上任何人均可以查看、发送交易并记录符合规则的交易，均可以参与共识过程（共识过程决定哪个区块加入链，由此决定当前区块链的状态）的一种区块链。作为一个中心化或半中心化的替代者，公有链由加解密算法来保证其安全性，经济激励和加解密算法组合使用

POW或POS机制，遵循的原则是参与者在共识过程中所具有的影响力与其在网络中所承担的经济性资源（计算能力）成正比。这样的区块链通常被认为是“完全去中心化”的。以太坊的主网络（Mainnet）及测试网络（Testnet）均属于公有链，主网络是以太坊的实际运营网络，测试网络则有Morden（已停止运行）、Ropsten、Kovan和Rinkeby等，各有不同特点及测试目标。

2. 联盟链

联盟链是一种由预先选定节点决定共识过程的区块链。比如，一个由20个银行机构所构成的联盟，每个机构运行一个节点，每个有效区块要求至少其中12个节点签证。查看区块链的权利可以是公共的或者仅限于参与机构，同时也有混合权限情况，如区块的根散列是公共的，而其余部分则需要通过联盟机构所设置的API授权查询。联盟链是一种半中心化的网络，需要在联盟成员之间达成共识，具有中心化平台和区块链的一些综合特点。当前公有链所表现出来的一些问题，如块链过大、交易确认时间过长、拥塞、专业化服务等问题，使服务于专业化、行业化、领域化的联盟链受到诸多机构和组织的特别关注。联盟链的行业应用、专业化应用具有广阔的应用前景，需要得到人们的重视。

3. 私有链

私有链的块链写入权由中心化节点或一个组织所控制，块链查询权是公共的或受到不同程度的限制。数据库管理、审计等应用作为一个企业的内部操作，在很多情况下是不必让公众查看的，当然在一些场景下，公共审计特性也很有必要。私有链一般应用于开发测试环境或运营方的客户具有较大数量的公众用户，需要借助区块链来保存用户的重要数据资产（如游戏币），或者借助区块链的分布式运行特征来保证网络服务的可靠性。采用封闭的私有链来提供服务与传统的中心化平台提供服务，对用户而言并无任何本质的不同，在技术上也没有特别明显的优势。因此，目前除了构建研究和测试网络需要，在实际的运营网络中使用私有链并没有让人看到特别有价值的商业动机。

2.3 账户与智能合约

账户（地址）在以太坊网络中扮演着非常核心的作用，其数学基础是非对称加解密机制形成的一对公私钥，用公钥来生成用户的账户（地址），用私钥来对用户所发出的数据进行签名并接收发送给其账户的数据。

智能合约是以太坊在区块链上的重要创新，其实质是以账户为基础，存储在账户存储空间中的可由以太坊虚拟机解释执行的一段代码。

2.3.1 ▷ 以太坊账户

如前文所述在以太坊网络中有两类账户：用户账户和合约账户，通常说的账户所指的是用户账户，用户账户由用户自主创建，并通过持有私钥而掌握账户的所有权，合约账户归属于创建自身的用户账户。以太坊把用户账户与智能合约均称为账户是因为二者均为状态对象，用户账户记录用户账户余额，智能合约记录账户余额、合约代码与数据内容。所有账户的状态就是以太坊网络的状态，这些状态由全网已达成共识的新区块来保持不断更新。

如果把以太坊限制在仅提供用户账户以及基于用户账户之间的转账交易，那么所获得的仅是一个“虚拟币”系统，其功能不会比区块链1.0更强大，因为这个系统将只能在用户之间进行“虚拟币”转账。

账户代表外部代理（如自然人、挖矿节点、自动代理）的身份，它使用私钥加密去鉴证每个交易，这样以太坊虚拟机就能安全地通过公钥识别每个交易发送者的身份（账户或地址）。

2.3.2 ▷ 密钥文件

每个账户有一对密钥，一个为私钥，一个为公钥。账户由其地址索引，地址取自其公钥的最后20字节。由私钥和地址形成的密钥对均被编码和存放在一个密钥文件中，密钥文件采用JSON文本文件格式，人们可通过文本编辑器打开和浏览。密钥文件的关键部分——私钥通过在创建账户时输入密码来加密保护。密钥文件Keyfiles可在以太坊节点数据目录中的子目录Keystore中找到。

一个新建立的以太坊账户中是没有任何“虚拟币”的，这需要用户通过挖矿获得。如没有密钥和密码，任何人都不能进入某个账户进行任何操作。在以太坊节点之间传输整个目录及个人密钥文件均不影响账户的安全。

用户要确保经常备份Keyfiles以保证账户安全，丢失密钥文件或丢失密码即意味着丢失账户及账户上的“虚拟币”，任何人都无法帮用户找回。所以在以太坊的“虚拟币”增发中，已考虑到有的用户可能因丢失账户而导致丢失“虚拟币”，因此“虚拟币”增发量已把这个部分损耗作为增发考量因素。

2.3.3 ▷ 智能合约

智能合约是存储在以太坊网络特定地址的一组代码（函数）和数据集。合约账户能够相互发送消息并具有图灵完备计算能力。合约在区块链上用以太坊特定的二进制格式即以太坊虚拟机字节码的形式存在，由以太坊虚拟机解释执行。

智能合约一般采用如Solidity这样的高级语言来编写，然后编译成字节码加载到区块链上。智能合约也可以用其他语言编写，比较有名的有Serpent和LLL。

下面是用于编写以太坊智能合约的几种不同的高级语言。

（1）Solidity

Solidity是一种用于开发智能合约并编译成以太坊虚拟机字节码的类JavaScript语言，是以太坊非常著名的旗舰语言。

可以在Solidity的官方网站找到Solidity语言的以下资源：

- Solidity Documentation（Solidity 文档）；
- Solidity online realtime compiler（Solidity在线实时编译器）；
- Standardized Contract APIs（标准化合约APIs）。

（2）Serpent

Serpent是一种用于编写智能合约并编译成以太坊虚拟机字节码的类Python语言，其目标是提供一种简洁、可兼具低级语言的高效率与高级语言的易于使用两者特性的语言，同时它还为合约编程增加了一些特定领域的特殊功能。

（3）LLL

类Lisp语言（Lisp Like Language，LLL）是一种与汇编语言类似的低级语言，这意味着它非常简洁，基本上就是直接在以太坊虚拟机字节码基础上进行简单包装而形成的一种语言。

2.4　以太币

正如前文所说，以太币是以太坊网络的基础“虚拟币”，主要用于支持以太坊以智能合约为核心的各类应用。而智能合约通过以太坊矿工节点的以太坊虚拟机执行各种智能合约代码，则需要向矿工节点发送以太币，其过程是交易发送者为每次交易用以太币获得燃料，用户发送交易、创建合约或调用合约执行，系统把封装成功的区块中所有交易消耗燃料的总量用以太币的形式发送给挖扩成功的矿工。

2.4.1 ▷ 以太币的面值

以太坊“虚拟币”具有一个面值体系作为以太币的计量单位。每个面值具有其独有的名字（其中一些来源于在计算机科学和加密经济学中具有重要贡献的精英人物的姓氏名字）。以太币的最小面值或基本单位叫作“wei”。表2.1所示为各个面值的名字及其与“wei”之间的换算关系。在很多情况下，“ether”也是以太币的一个重要计量单元（1ether=10^{18}wei）。在使用以太币计量单位时，一定要注意不要发生混淆，特别是以太币的名称不是像很多人错误地认为叫以太坊（Ethereum），单位也不是ethereum。

表2.1 以太币面值换算

单位	换算值	wei
wei	1 wei	1
kwei（babbage）	1e3 wei	1 000
Mwei（lovelace）	1e6 wei	1 000 000
Gwei（shannon）	1e9 wei	1 000 000 000
microether（szabo）	1e12 wei	1 000 000 000 000
milliether（finney）	1e15 wei	1 000 000 000 000 000
ether	1e18 wei	1 000 000 000 000 000 000

2.4.2 ▷ 燃料和以太币

要在以太坊公有网络中部署智能合约应用，发布者需要拥有以太币。以太币的获取途径有多种，比如成为一名以太坊矿工，使用以太坊钱包Mist（Beta 6以上版本）等软件获取以太币的相关接口等。

以太币的重要功能是用于换取燃料，燃料是使用以太坊网络资源的重要条件。以太坊的运行规则就是交易发送者在以太坊中使用计算资源时会消耗一定量的燃料，这意味着交易发送者在使用以太坊的计算资源时需要花费一定的燃料成本。

在以太坊网络中，燃料总成本的计算方法为：燃料需求量乘以当前的燃料价格。为更好地理解燃料，下面重点介绍与之相关的4个术语。

（1）燃料花费。燃料花费指一次计算需要多少燃料的一个静态值。燃料花费是基于交易的复杂度和计算量的大小而设定的。由于每个计算步骤所需燃料一般不会变化，因此其燃料花费将长期保持稳定。

（2）燃料价格。燃料价格指单个燃料所需以太币的“虚拟价格”，由用户和矿工的设定值基于“市场”的平衡决定，即通过用户设置所希望的价格和以太坊网络中最终接受的处理节点数量来保持与以太币“虚拟价格”之间的平衡。

（3）燃料限额。燃料限额指每个交易允许使用的最大燃料数量值，它用于计算最大计算负载、交易数量或者区块大小，矿工可逐步改变这个值。

（4）燃料费用。燃料费用是运行特定交易或程序（合约代码）所消耗的有效燃料以以太币计算的总费用。一个区块的燃料费用可用于表示计算负载、交易量或者区块大小。燃料费将奖励给成功封装该区块的矿工（使用POW共识机制）或区块验证者（使用POS共识机制）。

因此，燃料是以太坊网络稳定运行的重要设施，其价值在于确保网络的安全性。

思考题

❶ 请结合本章的内容，阐述区块链2.0技术架构与区块链1.0技术架构的异同。

❷ 请以一个智能合约的执行为例，描述以太坊的整个工作流程。

❸ 在以太坊中为什么需要燃料？如果没有燃料机制，以太坊可能面临什么样的问题？

3 以太坊安装与开发环境配置

CHAPTER

以太坊由于在多种不同操作系统下采用了多类不同语言开发的多种客户端，其安装、操作与应用存在一些差别，这对实践应用带来不少困扰，因此，系统全面理解以太坊的技术体系及生态系统，按照正确的学习路径逐步推进以太坊的学习实践，将有助于技术人员快速而坚实地进入区块链应用开发领域。

3.1 客户端安装

以太坊常用的两个客户端是go-ethereum（一般称其为Geth）和Parity，对大多数用户而言，只需要安装以太坊钱包Mist即可满足需要。

3.1.1 ▷ 以太坊客户端软件安装

以太坊钱包是一个基于Mist浏览器的独立分布式应用，Mist浏览器源于以太坊官方整体规划，是应用开发项目中的核心项目。

Mist把以太坊客户端Geth和cpp-ethereum可执行文件包一块绑定发布。若当前没有运行以太坊客户端（如Geth）时，Mist浏览器启动后，它将开始启动所绑定的某个客户端（默认是Geth）同步区块链数据。如果想使用Parity同步数据或者在私有网络中运行Mist，需要在启动Mist之前运行这些命令行客户端，这样Mist启动后就可自动寻找并连接这些已经运行的客户端。

目前，把Parity和其他客户端作为Mist的基础类包加入Mist项目的相关开发工作仍在进行中。

Geth是目前使用非常广泛的、能实现和运行完整以太坊机制的命令行客户端，该客户端基于Go语言开发。安装运行Geth客户端，可以加入以太坊前沿的测试网络和运营网络，并且能够实现以下功能。

（1）以太币挖矿。

（2）在不同地址（账户）之间转账。

（3）创造智能合约并发出交易。

（4）浏览区块数据。

（5）其他很多功能。

可以从Geth项目相关网站上下载Geth安装包，在安装指南的指导下完成安装操作。

对移动端的支持目前以太坊还处于早期阶段。Geth项目团队部分开发人员使用移动设备来启动基于以太坊的移动应用，已发布了iOS和Android的测试版。

在移动设备上使用以太坊客户端的主要障碍是轻客户端的功能无论是数据还是软件都是不完整的。目前的工作主要由一些项目的分支团队在开发，当前也仅支持Geth客户端。Doublethinkco公司在雄厚资金的支持下，将启动C++轻客户端的开发。

应用项目对移动端的支持，目前常用的一个方法是建立一个支持Web或手机App接入的中心化平台，通过中心化平台与以太坊交互来实现对移动端的支持。

3.1.2 ▷ 创建以太坊账户

账户是操作使用以太坊的基础，在安装好Geth客户端后，用户可以在操作系统命令行状态下使用Geth命令创建账户，也可以在启动Geth客户端后通过Geth客户端交互命令来创建账户，或者直接在以太坊钱包Mist的图形化界面下创建账户。

1. 使用geth account new

一旦用户安装了Geth客户端，创建一个账户仅需要在命令行客户端执行 geth account new命令即可。

```
$ geth account new
Your new account is locked with a password. Please give a password. Do not forget this password. //为新账户设置密码
Passphrase:
Repeat Passphrase:
Address: {168bc315a2ee09042d83d7c5811b533620531f67} //返回值：账户地址
$ geth --password /path/to/password account new
```

注意 **使用geth account命令时用户不必运行Geth客户端或进行区块链同步操作。**

要列出用户当前所使用的密钥文件中的账户，可使用geth account命令的子命令list。

```
$ geth account list
account #0: {a94f5374fce5edbc8e2a8697c15331677e6ebf0b}
account #1: {c385233b188811c9f355d4caec14df86d6248235}
account #2: {7f444580bfef4b9bc7e14eb7fb2a029336b07c9d}
```

2. 使用geth console

如要通过Geth客户端来创建账户，用户必须以console模式启动Geth客户端，或使用geth attach连接到一个已经运行的Geth客户端。

```
> geth console 2>> file_to_log_output
instance: Geth/v1.4.0-unstable/linux/go1.5.1
coinbase: coinbase: [object Object]
```

```
at block: 865174 (Mon, 18 Jan 2016 02: 58: 53 GMT)
datadir: /home/USERNAME/.ethereum
```

客户端允许用户通过输入命令的方式与本地节点交互。例如，输入下列命令列举用户的当前账户。

```
> eth.accounts
{
code: -32000,
message: "no keys in store"
}
```

上述信息表明用户还没有创建账户，用户可以通过Geth的JavaScript交互运行客户端相关函数命令来创建一个新的账户。

```
> personal.newAccount()
Passphrase:
Repeat passphrase:
"0xb2f69ddf70297958e582a0cc98bce43294f1007d"
```

然后，可以使用以下命令来查看刚刚建立的账户。

```
> eth.accounts
["0xb2f69ddf70297958e582a0cc98bce43294f1007d"]
```

3. 使用以太坊钱包Mist

前面是基于命令行方式创建账户，还可以使用以太坊钱包Mist基于图形接口方式创建账号。以太坊钱包Mist目前的版本支持Linux、Mac OS和Windows操作系统。

使用以太坊钱包Mist创建一个账户十分简单，实际上，用户在安装Mist（如图3.1所示）时第一个账户就已经创建。以下为创建第一个账户的具体步骤。

图 3.1　以太坊钱包 Mist 安装界面

（1）下载适合用户操作系统的以太坊钱包Mist的新版本。由于Mist包括一个完整的Geth客户端程序，打开Mist将同时启动以太坊的客户端同步程序。

（2）把已下载的文件解压并运行Ethereum-Wallet执行文件。

（3）待区块链开始同步，然后按提示操作，将创建用户的第一个账户。

（4）当第一次启动Mist时，将看见用户在安装时已创建的钱包账户，默认全名为MAIN ACCOUNT，如图3.2所示。

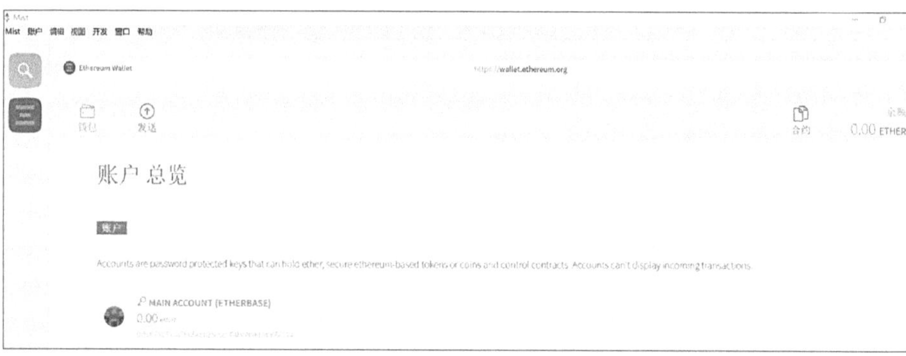

图 3.2　以太坊钱包 Mist 界面

3.1.3 ▷ 发送以太币

转账交易是以太坊最基本和最常用的操作之一，以太坊钱包支持通过Mist的图形化接口发送以太币，同时用户也可以使用Geth控制台通过交易发送函数来转账。使用交易发送函数前需要先定义好发送操作函数所需要的相关输入参数值。

```
> var sender = eth.accounts[0];
> var receiver = eth.accounts[1];
> var amount = Web3.toWei (0.01, "ether")
> eth.sendTransaction ({from: sender, to: receiver, value: amount})
```

3.1.4 ▷ 客户端应用开发接口

以太坊客户端提供一系列基于JSON-RPC的方法可供应用程序调用，但基于JSON-RPC与客户端直接交互对应用开发人员仍是一个不小的负担，如以下4种情况。

（1）JSON-RPC协议实现。

（2）创建二进制格式的编/解码及与智能合约的交互。

（3）256bit的数字类型。

（4）管理命令支持，如创建/管理地址、标识交易。

目前已有一系列程序库或工具来解决上述问题，从而使应用开发人员可专注于应用，而不必把时间花在如何处理与以太坊及更广泛的以太坊网络之间的交互上。表3.1所示为一些软件库。

表3.1　以太坊应用开发接口

Library 库函数	语言
Web3.js	JavaScript
Web3j	Java
Nethereum	C# .NET
ethereum-ruby	Ruby

3.2 以太坊网络配置

以太坊网络是由安装的各个客户端基于P2P协议构建的自组织网络，用户实际只需要使用其安装于本地的客户端，而实现与全网用户的交互是由客户端之间基于以太坊网络协议自主实现的。用户可以通过对以太坊客户端的不同操作与配置，从而进入到不同的以太坊网络，或者根据不同的区块链应用需要构建新的以太坊网络。

3.2.1 ▷ 以太坊网络基本操作

1. 以太坊网络信息监测

可通过访问等以太坊网络实时信息统计网站查看以太坊公共运营网络当前的状态数据。在这些统计网络上实时显示以太坊公共网络的很多重要信息，如当前的区块、散列计算难度、燃料价格和所消耗的燃料数量，如图3.3所示。

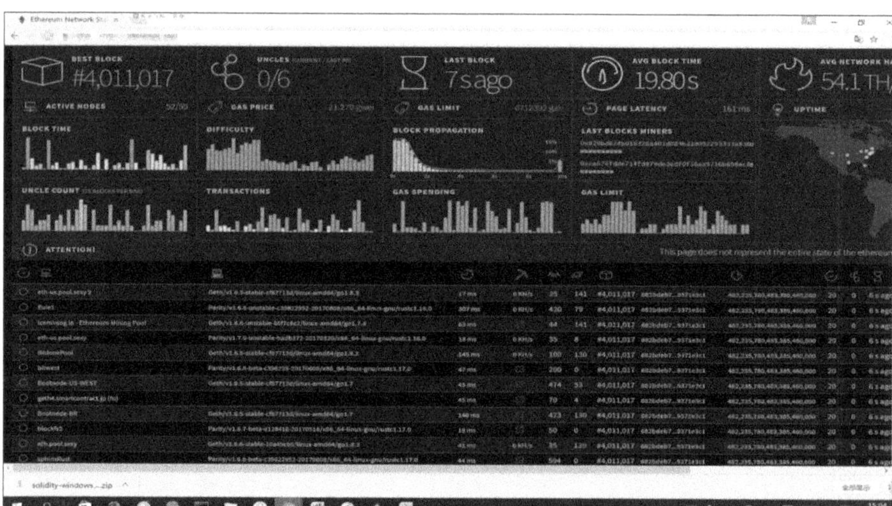

图 3.3　在某网站查看以太坊状态

在网页中所显示的节点仅是以太坊公共网络中实际节点的一部分，任何人均可以把他们运行的节点加入以太坊公共网络信息统计看板。

2. 以太坊客户端之间的连接

以太坊网络通过客户端之间的P2P对等网络通信连接保证数据的同步和客户端之间的信息交互。Geth客户端启动后将一直尝试连接网络中其他节点，直到它拥有一定数量的对等（peer）通信节点为止。如果在用户的路由器上把UPnP设置为使能状态或者在一个面向互联网的服务器上运行以太坊客户端，这个客户端就将接受其他节点的连接。

3. 检查连接性和客户端节点的ID

要在以太坊客户端上检查客户端已连接到多少个peer节点，可使用net程序模块的两个属性，使用其中一个属性可查询当前peer节点数，使用另一个可以查询当前节点是否处于侦听状态。

```
> net.listening
true
> net.peerCount
4
```

为获得所连接peer节点的更多信息，如IP地址、端口号及所支持协议，可使用admin对象的peers()函数，admin.peers()将返回当前所连接peer节点的列表。

```
> admin.peers
[{
    ID:
'a4de274d3a159e10c2c9a68c326511236381b84c9ec52e72ad732e
b0b2b1a2277938f78593cdbe734e6002bf23114d434a085d260514a
b336d4acdc312db671b',
    Name: 'Geth/v0.9.14/linux/go1.4.2',
    Caps: 'eth/60',
    RemoteAddress: '5.9.150.40: 30301',
```

```
    LocalAddress: '192.168.0.28: 39219'
}, {
    ID:
'a979fb575495b8d6db44f750317d0f4622bf4c2aa3365d6af7c28433
9968eef29b69ad0dce72a4d8db5ebb4968de0e3bec910127f134779
fbcb0cb6d3331163c',
    Name: 'Geth/v0.9.15/linux/go1.4.2',
    Caps: 'eth/60',
    RemoteAddress: '52.16.188.185: 30303',
    LocalAddress: '192.168.0.28: 50995'
}, {
    ID:
'f6ba1f1d9241d48138136ccf5baa6c2c8b008435a1c2bd009ca52fb8
edbbc991eba36376beaee9d45f16d5dcbf2ed0bc23006c505d57ffcf7
0921bd94aa7a172',
    Name: 'pyethapp_dd52/v0.9.13/linux2/py2.7.9',
    Caps: 'eth/60, p2p/3',
    RemoteAddress: '144.76.62.101: 30303',
    LocalAddress: '192.168.0.28: 40454'
}, {
 ID:
'f4642fa65af50cfdea8fa7414a5def7bb7991478b768e296f5e4a54e8
b995de102e0ceae2e826f293c481b5325f89be6d207b003382e18a8
ecba66fbaf6416c0',
 Name: '++eth/Zeppelin/Rascal/v0.9.14/Release/Darwin/clang/int',
 Caps: 'eth/60, shh/2',
```

```
 RemoteAddress: '129.16.191.64: 30303',
 LocalAddress: '192.168.0.28: 39705'
}]
```

检查Geth当前所占用的端口与客户端节点所运行的URL如下。

```
> admin.nodeInfo
{
 Name: 'Geth/v0.9.14/darwin/go1.4.2',
 NodeUrl:
'enode: //3414c01c19aa75a34f2dbd2f8d0898dc79d6b219ad77f815
5abf1a287ce2ba60f14998a3a98c0cf14915eabfdacf914a92b27a01
769de18fa2d049dbf4c17694@[: : ]: 30303',
 NodeID:
'3414c01c19aa75a34f2dbd2f8d0898dc79d6b219ad77f8155abf1a2
87ce2ba60f14998a3a98c0cf14915eabfdacf914a92b27a01769de18
fa2d049dbf4c17694',
 IP: ': : ',
 DiscPort: 30303,
 TCPPort: 30303,
 Td: '2044952618444',
 ListenAddr: '[: : ]: 30303'
}
```

4. 快速下载区块链数据

区块链数据是以太坊客户端工作的基础，用户在进行以太坊相关操作如查询以太坊账户信息、发送交易及挖矿等操作前，需要完成本地客户端区块链数据的同步。

启动以太坊客户端后，将自动下载区块链数据。不同的客户端、配置参数、连接速度和可用的peer节点数量使区块链数据下载所需的时间变化很大。

使用Geth客户端时，可采用如下方法以加快区块链数据的下载。如果选择使用--fast标识，可让以太坊客户端不用下载交易数据而仅同步区块头的状态数据而快速同步。

--fast

但这个标识不能在执行了一个正常同步操作或部分操作后使用，即在使用这个标识时，不能在区块链数据目录下存在任何数据［可在使用这个参数前把区块链数据存储目录（chaindata）整个删除］。

这个标识通过对区块链数据库的最新状态下载而不是完整的区块数据下载，从而达到快速同步的目的，这将大大减少区块链的数据存储规模。

注意 --fast仅能在一开始同步区块链时运行，由于安全原因仅在用户第一次下载区块链时使用。

--cache=1024

分配给内部缓存的大小默认是16MB，可根据用户计算机的内存大小增加到256MB、512MB、1 024MB或者2 048MB。

5. JIT VM使能标识

通过如下命令将JIT VM使能。

```
geth --fast --cache=1024 --jitvm console
```

6. 导入/导出区块链数据

如果用户已经有一个已同步完整的以太坊节点，就可以从已完全同步的节点中导出区块链数据，然后导入新的节点，可通过Geth客户端中的命令geth import实现。

7. 静态节点、信任节点和启动节点

如果希望每次启动客户端时去连接固定peer节点，Geth支持所谓静态节点的设置。静态节点在断连后将重新连接。配置静态节点参数可把下列数据放入<datadir>/static-nodes.json（这个目录与chaindata和keystore处于同个目录）。

如下例，节点启动时将自动去连接地址为33.4.2.1，端口为30303的节点。

```
[
"enode: //f4642fa65af50cfdea8fa7414a5def7bb7991478b768e296f5e4a54e8b995de102e0ceae2e826f293c481b5325f89be6d207b003382e18a8ecba66fbaf6416c0@33.4.2.1: 30303",
    "enode: //pubkey@ip: port"
]
```

另一种方法是基于JavaScript客户端，在运行时使用admin.addPeer()添加静态节点。

```
>
admin.addPeer ("enode: //f4642fa65af50cfdea8fa7414a5def7bb7991478b768e296f5e4a54e8b995de102e0ceae2e826f293c481b5325f89be6d207b003382e18a8ecba66fbaf6416c0@33.4.2.1: 30303")
```

8. 不能连接的常见原因

不能连接到以太坊网络的常见原因如下。

（1）本地时间可能不正确。由于需要与以太坊网络的节点进行同步，因此，必须要有准确的时钟。即使是12秒的差异也可能导致0个peer节点，必须检查操作系统，重新设置网络同步时钟（注意将Internet同步时钟设为time.nist.gov）。

（2）有些防火墙配置为禁止UDP传输包。可以使用静态节点功能或在客户端上用admin.addPeer()手动配置进行修改。

（3）在启动Geth时使用了禁止节点发现协议，即使用了-nodiscover参数。这种情况主要用于节点测试或基于固定节点的测试网络。

3.2.2 ▷ 使用以太坊测试网络

以太坊测试网络Testnet是供以太坊研究开发人员测试使用的公有链，现阶段提供的包括Ropsten、Kovan和Rinkeby，使用相应测试网络要注意该网络对客户端的要求。一般在向主网络Mainnet正式部署智能合约前，建议在以太坊测试网络或用户自建的私有网络上试运行无误后，再正式部署到以太坊主网络运行。

以太坊的三大客户端目前均提供对测试网络的支持。

1. CPP-ethereum（C++客户端）

当前支持版本是0.9.93或更高，启动客户端时输入-testnet参数。

pyethapp（Python客户端）从V1.0.5版本后开始支持Testent网络。

2. Geth（Go客户端）

除了下面这些设置，所有参数与以太坊主网络一致。

Network Name: Morden

Network Identity: 2

genesis.json (given below) ;

Initial Account Nonce (IAN) is 2^20 (instead of 0 in all previous networks) .

All accounts in the state trie have nonce >= IAN.

Whenever an account is inserted into the state trie it is initialised with nonce = IAN.

Genesis generic block hash: 0cd786a2425d16f152c658316c423e6ce1181e15c3295826d7c9904cba9ce303

Genesis generic state root: f3f4696bbf3b3b07775128eb7a3763279

```
a394e382130f27c21e70233e04946a9
    Morden's genesis.json
```

3. Parity（Rust客户端）

Parity客户端除了可以接入Ropsten外，还可以接入Kovan测试网络。Kovan测试网络采用的共识机制是POS，目前仅Parity客户端支持该共识机制。

用户可以使用如下命令进入以太坊测试网络。

```
Geth--testnet console
Parity--testnet (ropsten/Kovan)
```

使用以太坊测试网络需要有“虚拟币”，有两种方法可以获得Testnet网络的“虚拟币”。

（1）使用计算机的CPU/GPU参与测试网络挖矿。

（2）使用各测试网络的Ethereum wei faucet（以太币水龙头）。

3.2.3 ▷ 搭建私有网络

1. cpp-ethereum（C++ 客户端）

可通过设置-genesis和-config参数连接和创建一个新的网络。

可以同时使用-config和-genesis参数，在这种情况下，由-config所提供的创世块设置信息将被-genesis的相关配置所覆盖。

2. Geth（Go客户端）

在私有测试网络上，无须提前获得以太币。基于私有网络是测试以太坊智能合约及其他应用最经济的方法之一，采用该方法可以避免必须去挖矿或者去寻找Testnet网络以太币。在私有链上需要配置如下数据。

（1）自定义起源文件。

（2）自定义数据存储目录。

（3）自定义网络标识。

（4）（建议）禁用节点发现协议。

3. 区块链起源文件

起源区块是区块链的开端——第一个块，块号为0，这是一个没有前向指向块的区块。除非其他节点取得同样的创世区块，否则以太坊协议确保没有任何节点能与用户的区块达成共识，这样用户就能够创建用户所期望的各类私有测试区块链。

以下是创世区块的JSON文件。

Genesis.json

```
{
    "nonce": "0x0000000000000042", "timestamp": "0x0",
    "parentHash":
"0x00000000000000000000000000000000000000000000000000
00000000000000",
    "extraData": "0x0", "gasLimit": "0x8000000", "difficulty": "0x400",
    "mixhash":
"0x00000000000000000000000000000000000000000000000000
00000000000000",
     "coinbase": "0x33333333333333333333333333333333333333
33", "alloc": {   }
}
```

保存文件名为Genesis.json。使用下列命令时引用该文件。

```
geth init /path/to/Genesis.json
```

Geth客户端默认使用与Mainnet文件相同的目录，需要设置datadir参数以避免公有网络区块数据被重置。对私有链而言，指定datadir非常重要，因为任何以太坊网络均是运行在一个区块链数据库（公共账本）上的，不同的区块链数据库就决定了不同的以太坊网络。启动Geth客户端时，指定datadir，实质就是指定以太坊网络。

4. 私有网络命令行参数

必须设置一些命令行标识以确保所创建网络的私有性。前面已经使用--genesis标识，但想做更多的一些设置，可在所有私有链客户端上均使用如下参数。

--nodiscover

使用这个标识以确保用户的客户端不被其他没有手动添加用户的节点所发现。否则，用户的节点有可能在不被告知的情况下，加入一个与用户具有相同genesis和网络名的陌生区块链。

--maxpeers 0

如果用户不想其他人连接到自己的测试链上，可将最大peer节点设置为0。当然，用户也可以将这个数字设置为确定将与用户节点连接的节点数量。

--rpc

这个设置将使用户的节点RPC接口使能，通常在Geth中默认设置。

--rpcapi "db, eth, net, Web3"

这个参数设置将决定哪种类型的API可基于RPC进行接入。Geth默认使用Web3 API。

注意 **提供基于RPC/IPC的API接口，将使每个能够通过这个接口接入的任何人使用这个API，要特别小心配置用户所使能的API。Geth在IPC接口下使能所有的API接口，而在RPC下仅db、eth和Web3 API是开放的。**

--rpcport "8080"

可改为8000或网络所开放的任何端口。Geth默认端口是8080。

--rpccorsdomain "http://chriseth.github.io/browser-solidity/"

这个参数设置哪些URLs能够连入用户的客户端节点，以执行RPC客户端任务。小心设置这个参数，设置一个特定的URL，而不用可能使任何URL均可以连入用户的RPC的适配符（ “*” ）。

--datadir "/home/TestChain1"

这个是用于存储私有链数据的自定义目录，设置一个本地目录把用户的私有数据与以太坊公有链目录相区分。

--port "30303"

这是网络侦听端口的设置，使用这个设置以便手动配置其他peer节点与用户的节点之间的连接。

--identity "TestnetMainNode"

这个设置将为用户的节点创建一个标识名，这样以便在一系列peer节点列表中准确识别用户的节点。

5. 启动Geth

在用户已经创建好自定义的起源块JSON文件和区块链数据目录后，在命令行状态输入下列Geth命令。

```
geth --identity "MyNodeName" --rpc --rpcport "8080" --rpccorsdomain "*" --datadir "C: \chains\TestChain1" --port "30303" --nodiscover --rpcapi "db, eth, net, Web3" --networkid 1999 init /path/to/CustomGenesis.json
```

注意 用户需要修改相关标识，以便与用户的网络设置相适配。

这条命令将初始化用户的起始块，并建立客户端状态与Geth交互。

```
geth --identity "MyNodeName" --rpc --rpcport "8080" --rpccorsdomain "*" --datadir "C: \chains\TestChain1" --port "30303" --nodiscover --rpcapi "db, eth, net, Web3" --networkid 1999 console
```

若要接入私有网络，用户需要每次启动Geth时均带上用户的私有链相关命令参数，特别是datadir参数。如果用户仅输入“geth”，这个命令并不会记得用户所设置的相关自定义参数，而默认进入以太坊公有链。

如果已经运行一个Geth节点，就可以通过geth attach命令创建另一个Geth窗口连接正在运行的Geth节点。

```
geth attach
```

6. 设置新账户

在创建好私有测试网络后，在这个测试网络上初始化设置一个新的账户，并且把它设置为用户的etherbase（接收挖矿奖励的地址）。

在Geth的JavaScript交互客户端输入以下命令。

```
personal.newAccount ("password")
```

7. 设置etherbase

通过输入下列命令来设置etherbase。

```
miner.setEtherbase (personal.listAccounts[0])
```

执行成功，客户端返回“true”。

最后，就可以开始测试“虚拟币”挖矿了。

```
miner.start()
```

8. 提前在账户中分配“虚拟币”

把区块封装难度设为“0x400”，可允许客户端快速地进行“虚拟币”挖矿。如果已创建了私有链并启动挖矿，参与客户端将很快拥有不少“虚拟币”，这对做测试已经足够。但如果希望在所创建账户中预先分配相应数量的“虚拟币”，则需要以下操作。

（1）创建好私有链后创建一个新的以太坊账户。

（2）复制所创建的账户地址。

（3）把下列参数加入用户的genesis.json文件中。

```
"alloc":
{
        "<your account address e.g.
0x1fb891f92eb557f4d688463d0d7c560552263b5a>":
        { "balance": "20000000000000000000" }
}
```

注意 **用户所创建的账户地址用“0x1fb891f92eb557f4d688463d0d7c560552263b5a”替换。**

保存起源文件，返回私有链命令行。一旦Geth完全加载，关闭它。

给变量primary分配一个地址，然后查看其账户余额。

在Geth客户端执行命令geth account list，查看新地址所分配的是哪个账户。

```
> geth account list
Account #0: {d1ade25ccd3d550a7eb532ac759cac7be09c2719}
Account #1: {da65665fc30803cb1fb7e6d86691e20b1826dee0}
Account #2: {e470b1a7d2c9c5c6f03bbaa8fa20db6d404a0c32}
Account #3: {f4dd5c3794f1fd0cdc0327a83aa472609c806e99}
```

注意用户所预分配“虚拟币”的账户。另外，可启动geth console（与先前启动Geth保持同样的参数），一旦命令行提示出现，输入以下命令。

```
> eth.accounts
```

这个命令将返回用户所拥有的账户地址数组。

```
> primary = eth.accounts[0]
```

注意 **把"0"替换为所预分配"虚拟币"的账户索引。这个命令将返回这个账户的地址。**

如果要将创建于私有测试网络的账户用在公有网络上，可输入下列命令。

```
> balance = Web3.fromWei (eth.getBalance (primary) , "ether") ;
```

这个命令将返回该账户的以太币数量（以wei为单位）。

为什么要在起始文件（genesis.jpon）预分配段设置这么大的一个数字？这是因为余额字段所使用的单位wei相对以太币单位ether而言是非常小的计量单位（1ether=10^{18}wei）。

3.3 以太坊应用开发环境搭建

以太坊是区块链开发领域最好的编程平台之一，而Truffle是以太坊中非常受欢迎的一个开发、测试和部署的开发框架，可以简化开发工作，特别适合刚入门的以太坊应用开发者。

3.3.1 ▷ 安装Truffle框架

Truffle框架基于Node.js定义，Node.js是一个事件驱动I/O服务端JavaScript环境，基于Google的V8引擎，V8引擎执行JavaScript的速度非常快，性能非常好，并由于其前后端开发语言的一致性，大大简化了软件开发、测试的难度，受到广大程序员的喜欢。在安装Truffle之前需要先安装Node.js，同时为方便代码的编写也需要安装一个Node.js代码编辑工具，这里建议安装VS Code。

1. 安装Node.js

可在Node.js的官网下载Node.js的安装包，如图3.4所示，根据不同操作系统选择用户需要的Node.js安装包。

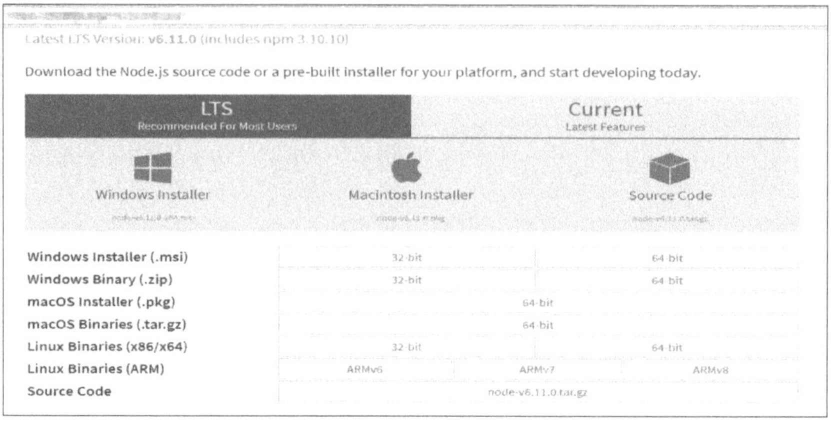

图 3.4　Nodes 下载

这里选择Windows操作系统的安装包进行安装，主要过程如下。

（1）安装Node.js

选择安装位置（这里选择安装到C：\nodejs），单击“Next”按钮，根据提示完成安装，如图3.5所示。

图 3.5　Nodes 的安装

（2）配置npm全局目录

npm是nodejs包管理工具，类似visual studio的Nuget，该版本nodejs已经集成npm打包工具，不需要额外安装。如果用户想使用默认目录，可跳过此步骤。一般建议将目录配置在安装目录下（本书示例安装目录在C：\nodejs）。在安装目录新建node_cache和node_global两个文件夹。进入

Node.js command prompt命令行，输入以下命令，如图3.6所示。

```
npm set cache C: \nodejs\node_cache
npm set prefix C: \nodejs\node_global
```

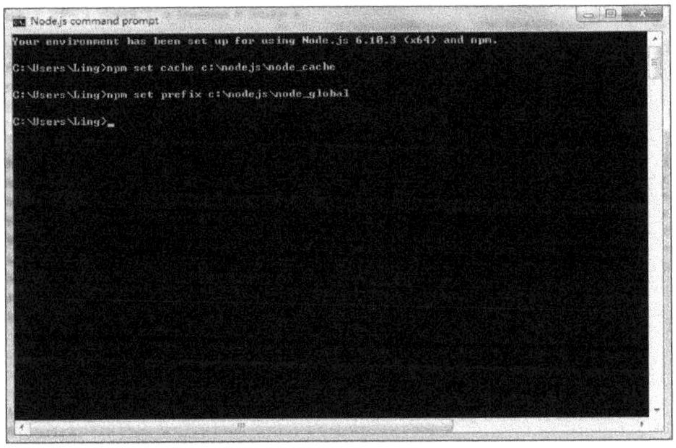

图 3.6　npm 文件路径设置

（3）配置环境变量

选中“我的电脑”，单击鼠标右键，在弹出的快捷菜单中选择“属性”命令，在控制面板中单击“高级系统设置”，弹出“系统属性”对话框，进入“高级”选项卡，单击“环境变量”按钮，如图3.7所示。

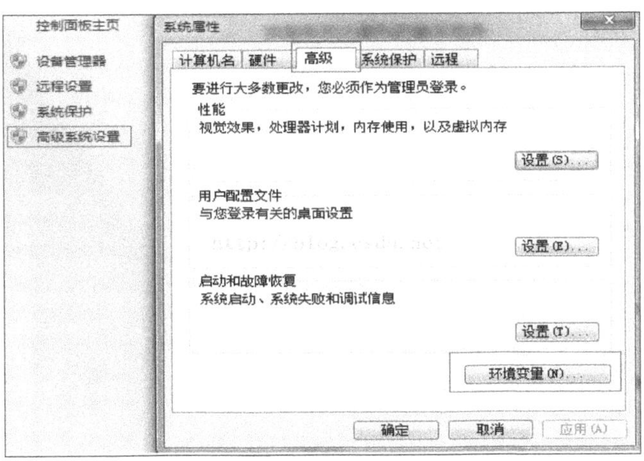

图 3.7　环境变量设置

进入环境变量对话框，按照下面步骤完成配置。

① 在系统变量下新建“NODE_PATH”，输入“C：\nodejs\node_global\node_ modules”。

注意 **这一步相当关键。**

② 用户变量跟nodejs相关的“PATH”修改为“C：\nodejs\node_global\”（由于改变了module的默认地址，所以上面的用户变量都要跟着改变，否则使用module的时候会导致输入命令时出现“xxx不是内部或外部命令，也不是可运行的程序或批处理文件”这个错误）。

如本书示例的PATH配置原为C：\Users\Ling\.dnx\bin；C：\Users\Ling\AppData\Roaming\npm\node_modules。因为更换了目录，需修改为C：\Users \Ling\.dnx\bin；C：\nodejs\node_global\。注意其中的分号，Windows操作系统下环境变量之间用“；”分隔。

③ 测试配置是否正确。安装nodejs web应用开发框架express进行配置测试，-g表示全局安装，安装完成后输入“node”进入“node”命令，再输入“require（'express'）”，正确安装后系统将显示express安装信息，若出现“NODE_PATH”信息，则表示安装不正确，如图3.8所示。

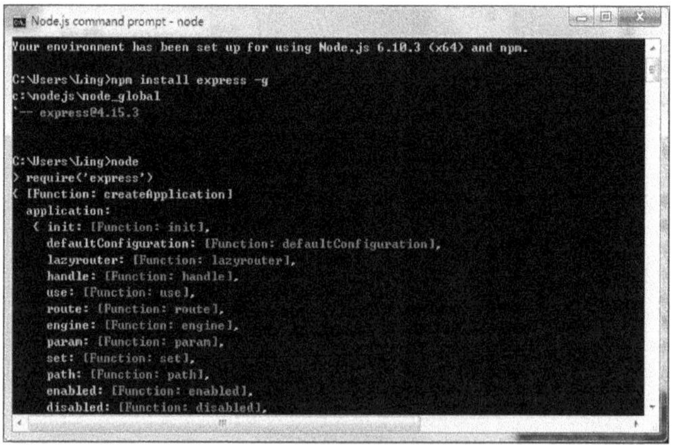

图 3.8　测试配置是否正确

（4）安装npm

这里需要注意：npm安装插件是从国外服务器下载的，受网络影响大，可能会出现异常，用户也可以通过国内相关网站下载，使用如下命令进行安装。

```
npm install cnpm -g --registry=https: //registry.npm.taobao.org
```

安装完成后建议查看其版本号npm -v或关闭命令提示符重新打开，如果安装完直接使用有可能会出现错误。

2. 安装Truffle

Truffle以npm包方式发布，和其他包安装方式一样，全局安装的命令如下。

```
npm install -g truffle
```

开发及测试中需要安装Ethereum客户端，以支持JSON RPC API调用开发环境，推荐使用EthereumJS TestRPC。安装命令如下。

```
npm install -g ethereumjs-testrpc
```

3.3.2 ▷ 使用VS Code

Visual Studio Code（简称VS Code或VSC）是一款免费开源的现代化轻量级代码编辑器，几乎支持所有主流的开发语言的语法高亮、智能代码补全、自定义热键、括号匹配、代码片段、代码对比Diff、GIT等特性，支持插件扩展，并针对网页开发和云端应用开发做了优化。VS Code跨平台支持Windows、Mac OS以及Linux，是微软为开发者提供跨平台的代码编辑器。

1. 安装VS Code

进入VS Code的官方网站，如图3.9所示。

根据用户的电脑操作系统，选择、下载合适的安装包。在Windows操作系统下的安装过程如下。

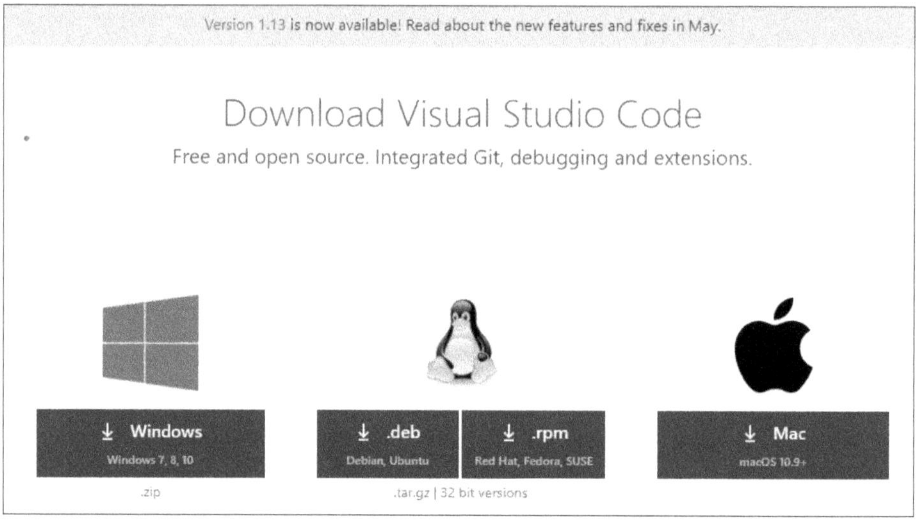

图 3.9　Visual Studio 下载

（1）双击下载的安装包，进入安装向导界面，单击“下一步”按钮，如图3.10所示。

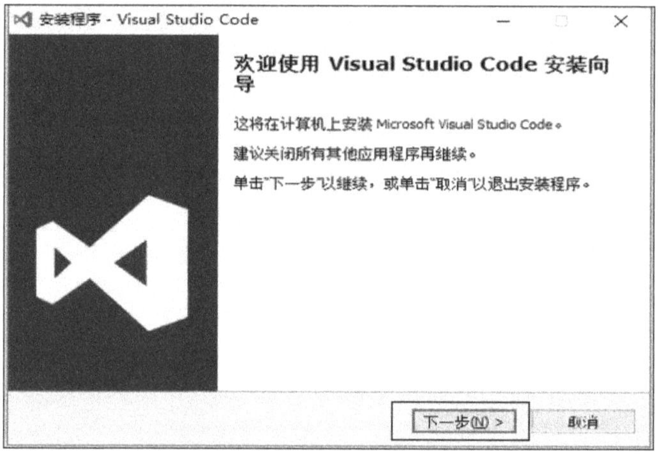

图 3.10　Visual Studio 安装

（2）进入许可协议界面，单击“我接受协议”选项，单击“下一步”按钮。

（3）选择目标安装位置，即用户想把软件安装在哪个目录下，选择合适的目录后继续单击“下一步”按钮。

（4）在“开始”菜单中创建快捷方式，保持默认选项，单击“下一步”按钮。

（5）进入选择其他任务界面，默认已经勾选的必要任务，这里尽量不要修改默认设置，同时用户也可以选择将打开方式添加到鼠标右键菜单中（勾选“其他”中的第一选项），继续单击“下一步”按钮。

（6）单击“安装”按钮，即可完成安装。

2. 安装插件

安装好后首次启动配置插件，插件配置必须联网，需从网上下载。单击左侧“扩展”列表中的项目，下载相关插件，如图3.11所示。

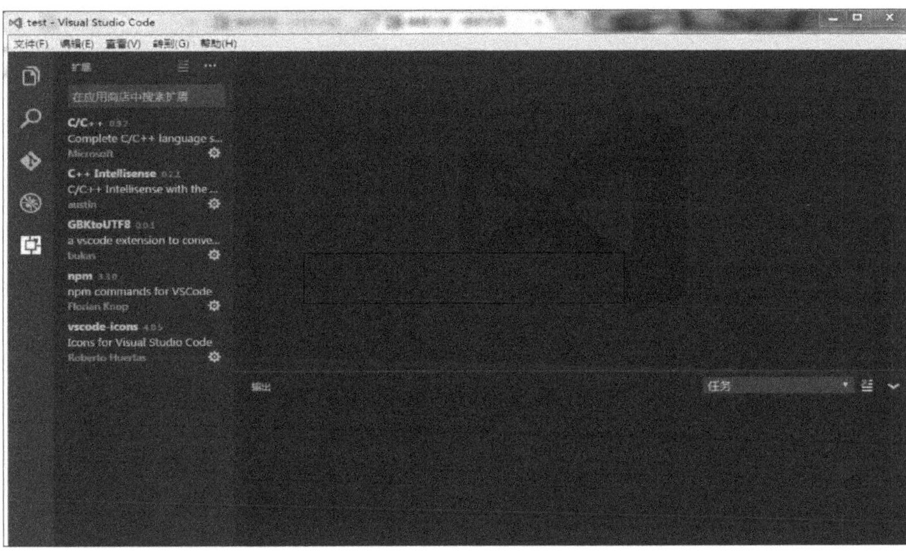

图 3.11　插件安装

首次安装会推荐一些常用插件。如果没有显示推荐的插件，单击左侧右上角的“…”按钮，会弹出列表，根据相应类别显示插件。

想要安装某一插件，直接单击该插件右侧的“”按钮。VS Code会自动下载并安装。安装位置在Windows的C：/用户/acer/.vscode/extensions下，如图3.12所示。

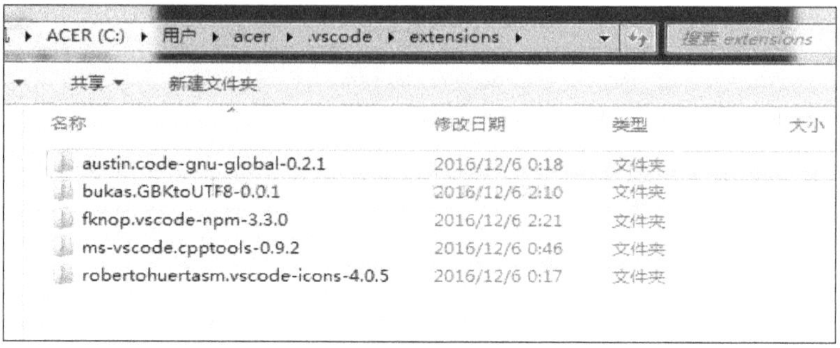

图 3.12　VS Code 安装位置

在以太坊应用开发中，主要用到的插件还有solidity，图3.13所示为安装solidity的操作界面。单击左侧扩展，输入“solidity”，系统会显示搜索到的插件列表，单击插件列表项，在工作区中将打开该插件的相关信息。单击“安装”按钮后系统会自动下载并安装，安装完成后重新加载窗口（不需要重启），插件即可生效。

图 3.13　solidity 安装

检查solidity是否安装成功，此时可打开Migrations.sol的智能合约代码，安装成功即可看到有语法颜色显示，编辑时会出现自动代码补全等功能，如图3.14所示。

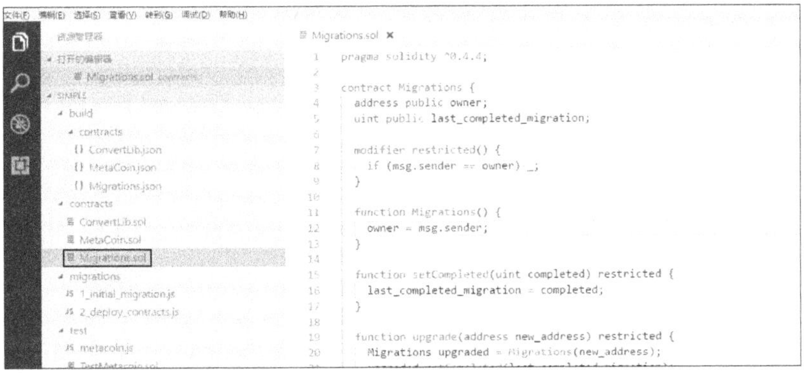

图 3.14　开发环境检查

3.3.3 ▷ 关于其他以太坊开发包

Truffle是基于node.js+Web3.js的框架，本质上还是在使用Web3.js进行合约的编译、发布和调用，如果用户已经熟悉node.js的开发，用户完全可以抛开Truffle而直接使用Web.js，这样也会有更大的扩展空间。

可使用npm install Web3安装包Web3.js，然后就可以使用Web3.js提供的接口进行合约的编译、发布和调用等操作。

当然，如果用户更擅长Java语言，则可以重点考虑以太坊提供的一个Java轻量级库——Web3j。使用该应用库后就可不再依赖node.js和Web3.js，而是使用纯Java代码利用JSON-RPC协议直接访问以太坊网络，如图3.15所示。

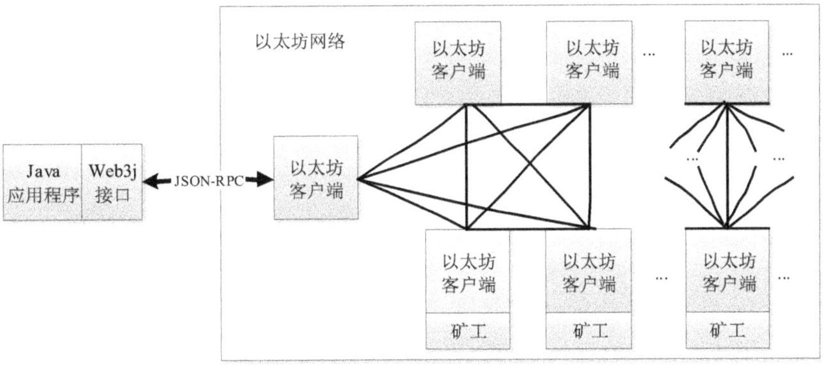

图 3.15　Web3j 开发接口

思考题

❶ 比较Geth与Parity两种以太坊客户端网络配置参数的异同。

❷ 使用Geth客户端连接以太坊测试网络Ropsten，或者配置一个私有测试网络，操作使用添加账户、挖矿等功能。

❸ 成功安装Truffle框架。

4 以太坊应用接口

CHAPTER

以太坊客户端基于P2P协议构建以太坊网络，并使用共识机制、激励机制等共同维护一个区块链数据库（该网络的公共账本），用户要与这个网络交互，如操作配置以太坊客户端、向这个网络区块链数据库存取数据、创建智能合约、调用智能合约等，需要通过以太坊客户端所提供的各种接口。

以太坊提供了多种接口方式分别适用于不同的应用场景。在Linux、Mac OS、Windows等操作系统命令行状态下，可直接使用以太坊客户端执行文件（如geth.exe，parity.exe）命令行参数的形式执行相应操作及功能；在命令行客户端启动以太坊客户端后（如通过geth console或geth attach），则可进入以太坊JavaScript交互客户端状态，使用以太坊客户端JavaScript交互客户端命令与以太坊网络交互；程序员要在自己的应用系统中实现与以太坊网络的交互，则需要通过以太坊的RPC接口基于HTTP、JSON-RPC、WS等方式访问以太坊网络。

4.1 命令行接口

目前以太坊应用非常广泛的客户端是Geth和Parity，接下来就主要介绍Geth与Parity客户端的命令行操作。

4.1.1 ▷ Geth客户端操作

Geth客户端程序具有三大类功能，第一类功能是提供区块链网络的相关操作程序，如区块链账户操作、区块链数据库操作、配置操作等；第二类功能是作为以太坊网络的客户端代理，提供接口供用户直接输入命令或通过客户应用程序访问和操作以太坊网络；第三类功能是作为以太坊网络的“服务端”供其他客户端基于P2P网络访问并执行区块封装、验证等挖矿功能。这三类功能均封装在一个主程序geth.exe中。

在Mac OS、Linux、Windows等操作系统下，进入命令行操作状态，输入以下命令。

```
geth   --help
```

屏幕将滚动显示如下帮助信息（为方便读者理解，帮助说明部分已翻译成中文）。

（1）COMMANDS

init	//引导和初始化一个新的起源块
import	//导入一个区块链文件
export	//导出一个区块链文件
upgraded	//升级区块链数据库
removedb	//移去区块链状态数据库
dump	//从内存中转存一个特定的区块
monitor	//可视化节点监视设置
account	//账户管理
wallet	//管理以太坊预售钱包
console	//启动一个JavaScript交互运行环境
attach	//启动一个JavaScript交互运行环境（接入已运行的节点）
js	//执行特定的JavaScript文件
makedag	//产生ethash DAG（测试用）
version	//输出当前版本号
license	//显示license信息
help, h	//显示命令列表

（2）命令行参数

--datadir "/home/tron/.ethereum"　　//数据库和密钥存储文件目录

--keystore	//密钥存储目录（默认：数据库相同目录）
--networkid value	//网络标识（整型，0=Olympic（已经停用），1=Frontier，2=Morden（//停用），3=Ropsten）（默认值：1）
--Olympic　Olympic	// 网络：以前定义和发布的测试网络
--testnet　Ropsten network:	// 以前定义的测试网络
--dev	//开发员模式：以前定义的带有多个调试标识的私有网络
--identity value	// 用户节点名
--fast	//通过状态下载快速同步
--light	//设置为轻客户端模式
--lightserv value	//服务于LES需求的最大时间百分比（默认值：0）
--lightpeers value	//LES peers客户端的最大数量（默认值：20）
--lightkdf	//减少内存和CPU key-derivation，通过KDF强度设置

（3）性能设置参数

--cache value	//分配内部缓存大小（默认值：128MB）
--trie-cache-gens	//保存在内存中的树节点代数值（默认值：120）

（4）账户参数

--unlock value	//设置一系列账户处于解锁状态（以逗号分开）
--password value	//设置非交互状态时密码输入的密码文件

（5）API接口和控制台客户端参数

--rpc	//使能HTTP-RPC服务器
--rpcaddr value	//HTTP-RPC服务器侦听地址（默认值："localhost"）
--rpcport value	//HTTP-RPC server侦听端口（默认值：8545）
--rpcapi value	//HTTP-RPC API接口内容（默认值："eth, net, Web3"）
--ws	//使能WS-RPC服务器
--wsaddr value	//WS-RPC服务器侦听地址（默认值："localhost"）
--wsport value	//WS-RPC服务器侦听端口（默认值: 8546）
--wsapi value	//WS-RPC API接口内容（默认值："eth，net, Web3"）
--wsorigins value	//接受Websockets请求源
--ipcdisable	//禁用IPC-RPC服务器
--ipcapi value	//IPC-RPC API接口内容（默认值："admin, debug, eth, miner, net, personal, shh, txpool, Web3"）
--ipcpath "geth.ipc"	//数据目录内IPC socket/pipe文件名
--rpccorsdomain value	//接受跨地域请求的域列表（以逗号分开）
--jspath loadScript	//加载Script的JavaScript根路径（默认值："."）
--exec value	//执行JavaScript状态（只与console/attach命令组合）
--preload value	//在控制台预加载的JavaScript文件（以逗号分开）

（6）网络参数

--bootnodes value	//发现引导节点URL列表（以逗号分开）
--port value	//网络侦听端口（默认值：30303）

--maxpeers value	//网络peer节点最大数量（如设置为0即禁用）（默认值：25）
--maxpendpeers value	//使用pending连接的最大数量（默认值：0）
--nat value	//NAT端口匹配机制（any| none | upnp| pmp| extip: <IP>）（默认值："any"）
--nodiscover	//禁止peer发现机制（手动添加peer）
--v5disc	//使能实验RLPx V5（主题发现）机制
--nodekey value	//P2P节点密钥文件
--nodekeyhex value	//十六进制P2P节点密钥（测试用）

（7）挖矿参数

--mine	// 挖矿使能
--minerthreads value	//用于挖矿的CPU线程数（默认值：8）
--autodag	//使能DAG自动提前产生
--etherbase value	//接受挖矿奖励的公共地址（默认值：首个创建的账户）
--targetgaslimit value	//目标燃料限制，人工设置挖矿块的燃料上限（默认值：4 712 388）
--gasprice value	//接受为每个交易挖矿的最小燃料价（默认值：20 000 000 000）
--extradata value	//由矿工设置的块外数据（默认值：client version）

（8）燃料价格参数

--gpomin value	//最小建议燃料价格（默认值：20 000 000 000）
--gpomax value	//最大建议燃料价格（默认值：500 000 000 000）

--gpofull value	//燃料价格计算的全块阈值（%）（默认值：80）
--gpobasedown value	//建议燃料价格递减率（1/1000）（默认值：10）
--gpobaseup value	//建议燃料价格递增率（1/1000）（默认值：100）
--gpobasecf value	//建议燃料价格基础矫正因子（%）（默认值：110）

（9）虚拟机参数

--jitvm	//使能JIT虚拟机
--forcejit	//强制JIT虚拟机优先
--jitcache value	//缓存JIT虚拟机程序的数量（默认值：64）

（10）日志和调试参数

--ethstats value	//报告ethsats服务的URL地址（节点名：secret@host: port）
--metrics	//使能测量采集和报告
--fakepow	//禁止proof-of-work验证
--verbosity value	//日志记录类别：0=silent，1=error，2=warn，3=info，4=core，5=debug，6=detail（默认值：3）
--vmodule value	//每个模块verbosity值表(以逗号分开）<pattern>=<level>//（例：eth/*=6，p2p=5）
--backtrace value	//在特别日志记录状态需要的堆栈跟踪（例："block.go: 271"）（默认值：0）

--pprof //使能pprof HTTP服务器
--pprofaddr value //pprof HTTP服务器侦听地址（默认值："127.0.0.1"）
--pprofport value // pprof HTTP服务器侦听端口（默认值：6060）
--memprofilerate value //以给定比率打开内容分析（默认值：524288）
--blockprofilerate value //以给定比率打开区块分析（默认值：0）
--cpuprofile value //把CPU状态写入给定文件
--trace value //把执行过程写入给定文件

（11）测试参数

--shh //使能Whisper
--natspec //使能NatSpec确认消息

（12）其他杂项参数OPTIONS

--solc value //用于Solidity的编译命令（默认值："solc"）
--netrestrict value //限定网络与给定IP网络通信（CIDR masks）
--help, -h //显示帮助

4.1.2 ▷ Parity客户端操作

Parity客户端功能总体上与Geth客户端类同，并遵循相同的以太坊协议，不过由于不同团队基于不同的语言开发，Parity也具有一些自身显著的特点。相较基于Go语言开发的Geth客户端，基于Rust语言开发的Parity客户端具有更快的运行速度，并支持POS共识机制，因而也受到相当一部分以太坊用户的喜欢。

在操作系统下，进入命令行操作状态，输入以下命令。

```
parity --help
```

屏幕将滚动显示Parity的命令行帮助信息。

（1）Parity命令

ui [参数]	//运行图形界面
dapp <path> [参数]	//运行分布式应用
daemon <pid-file> [参数]	//运行守护进程
account (new | list) [参数]	//账户操作
account import <path>... [参数]	//导入账户操作
wallet import <path> --password FILE [参数]	//钱包导入操作
import [<file>] [参数]	//区块链数据导入操作
export (blocks | state) [<file>] [参数]	//区块链数据导出操作
signer new-token [参数]	//签名新令牌操作
signer list [参数]	//签名列举操作
signer sign [<id>] [--password FILE] [参数]	//签名操作
signer reject <id> [参数]	//拒绝签名操作
snapshot <file> [参数]	//快照操作
restore [<file>] [参数]	//数据恢复操作
tools hash <file>	//散列计算操作
db kill [参数]	//数据库删除操作

（2）运行参数

--mode MODE	//设置操作模式
--mode-timeout SECS	//指定未活动前的秒数（默认值：300）
--mode-alarm SECS	//指定自动休眠前的秒数（默认值：3600）
--auto-update SET	//设置一个释放集以自动更新安装

--release-track TRACK　//设置用于更新的释放轨道
--no-download　//正常情况下，新版本将被下载更新
--no-consensus　//强制二进制文件运行
--force-direct　//运行初始安装的版本
--chain CHAIN　//指定的区块链类型
-d --base-path PATH　//指定数据存储路径
--db-path PATH　//指定数据库目录路径
--keys-path PATH　//指定密钥文件的路径
--identity NAME　//指定节点的名称

（3）账户参数

--unlock ACCOUNTS　//在执行期间解锁账户
--password FILE　//提供一个包含解锁密码的文件
--keys-iterations NUM　//指定要使用的迭代次数从密码中提取密钥
--no-hardware-wallets　//禁用硬件钱包支持

（4）UI参数

--force-ui　//使能可信UI WebSocket客户端
--no-ui　//禁止可信Trusted UI WebSocket客户端
--ui-port PORT　//指定受信任的UI服务器的端口
--ui-interface IP　//指定受信任的主机名UI服务器
--ui-path PATH　//指定可信UI标记存储目录
--ui-no-validation　//禁用可信UI区块头检验

（5）网络参数

--no-warp　//禁用网络从快照同步
--port PORT　//网络节点监听的端口
--min-peers NUM　//所保持的最少peer节点数
--max-peers NUM　//允许保持的最多peer节点数

```
--snapshot-peers NUM         //允许附加的用于从快照同步的peer节点数
--nat METHOD                 //指定用于确定公共地址的方法
--network-id INDEX           //区块链上的网络标识
--bootnodes NODES            //区块链上的启动节点
--no-discovery               //禁用新的对等发现
--node-key KEY               //指定节点密钥
--reserved-peers FILE        //提供一个文件包含enodes, 每行一个
--reserved-only              //仅连接预留节点
--allow-ips FILTER           //过滤出站连接
--max-pending-peers NUM      //允许最多挂起的数字连接
--no-ancient-blocks          //快照恢复后禁用下载旧区块
```

（6）API和客户端参数

```
--no-jsonrpc                 //禁用RPC API服务器
--jsonrpc-port PORT          //指定jsonRPC API服务器端口
--jsonrpc-interface IP       // 指定jsonRPC API服务器IP地址
--jsonrpc-cors URL           //指定jsonRPC-cors URL
--jsonrpc-apis APIS          //指定通过jsonRPC可调用的API接口
--jsonrpc-hosts HOSTS        //允许主机区块头列表
--no-ipc                     //禁用jsonRPC IPC服务
--ipc-path PATH              //设置jsonRPC IPC服务用户路径
--ipc-apis APIS              //定义基于jsonRPC可访问的API接口
--no-dapps                   //禁用Dapps服务器
--dapps-port PORT            //定义Dapps服务器端口
--dapps-interface IP         // 定义Dapps服务器主机地址
--dapps-hosts HOSTS          //允许主机区块头列表
--dapps-cors URL             //为Dapps服务器API接口定义CORS区块头
```

```
--dapps-user USERNAME        //为Dapps server设置用户名
--dapps-pass PASSWORD        //为Dapps server设置密码
--dapps-path PATH            //定义Dapps的安装目录
--dapps-apis-all             //Dapps端口暴露所有可能的RPC APIs接口
--ipfs-api                   //使能IPFS兼容HTTP API接口
--ipfs-api-port PORT         //定义IPFS HTTP API的侦听端口
--ipfs-api-interface IP      //定义IPFS API服务器的主机地址
--ipfs-api-cors URL          //定义IPFS API接口响应的CORS区块头
--ipfs-api-hosts HOSTS       //允许主机区块头值列表
```

（7）加密存储参数

```
--no-secretstore             //禁用加密存储
--secretstore-port PORT      //为加密存储服务密钥服务器定义端口
--secretstore-interface IP   //定义加密存储密钥服务器主机地址
--secretstore-path PATH      //定义加密存储数目标
```

（8）封装和挖矿参数

```
--author ADDRESS             //定义区块创建者地址
--engine-signer ADDRESS      //定义用于共识签名与区块发行的地址
--force-sealing              //强制节点编写新区块
--reseal-on-txs SET          //指定哪些事务应强制节点重新封装新区块
--reseal-min-period MS       //指定的区块发行的最小间隔时间
--work-queue-size ITEMS      //指定历史工作包的数量
--tx-gas-limit GAS           //指定单一交易被挖矿成功时的最大燃限值
--tx-time-limit MS           //用于处理单一交易的最大时间
--relay-set SET              //待发送的交易集
--price-update-period T      //燃料价格更新时间周期
--gas-floor-target GAS       //封装新区块的目标燃料数
```

```
--gas-cap GAS                    //提高燃料限值的上限
--tx-queue-size LIMIT            //队列中等待的交易的最大数量
--tx-queue-gas LIMIT             //队列中外部事务的最大燃料总量
--tx-queue-strategy S            //用于排序事务的优先级策略
--tx-queue-ban-count C           //执行的最大时间数
--tx-queue-ban-time SEC          //禁止时间（秒）
--no-persistent-txqueue          //不要将待处理的本地事务保存到磁盘
--remove-solved                  //从工作包队列中转移区块而不是复制
--refuse-service-transactions    //总是拒绝服务交易
--stratum                        //运行Stratum服务器为矿工推送通知
--stratum-interface IP           //Stratum服务器地址
--stratum-port PORT              //Stratum服务器侦听端口
--stratum-secret STRING          //为peer节点授权Stratum服务器加密
```

（9）跟踪参数

```
--tracing BOOL                   //指示是否应该进行完整的事务跟踪
--pruning METHOD                 //配置状态/存储Trie树的修剪
--pruning-history NUM            //设置修剪时保存的最新状态数
--pruning-memory MB              //用于存储的理想数量
--cache-size-db MB               //重写数据库缓存大小
--cache-size-blocks MB           //指定优先的区缓存大小
--cache-size-queue MB            //指定用于区块的内存的最大队列
--cache-size-state MB            //指定要使用的内存的最大状态缓存
--cache-size MB                  //设置要使用可任意占用的内存总数
--fast-and-loose                 //禁用db, 这将显著加快速度
--db-compaction TYPE             //数据库压缩类型
```

--fat-db BOOL	//构建适当的信息以允许枚举所有账户和存储键
--scale-verifiers	//基于验证器自动验证工作量
--num-verifiers INT	//如果验证者使用或开始验证线程的数量启用自动缩放

（10）导入/导出参数

--from BLOCK	//从区块导出，这可能是索引或散列
--to BLOCK	//导出到区块
--no-seal-check	//跳块封装检查
--at BLOCK	//在给定的区块中导出状态，这可能是索引、散列或最新
--no-storage	//不导出账户存储
--no-code	//不导出账户代码
--min-balance WEI	//不要以低于指定余额的方式导出账户
--max-balance WEI	//不要以大于指定余额的方式导出账户

（11）快照参数

---at BLOCK	//在给定的区块上进行快照
--no-periodic-snapshot	//禁用通常出现一次的自动快照

（12）虚拟机参数

--jitvm	//使能JIT VM

（13）兼容参数

--geth	//运行与Geth兼容的模式
--testnet	//Testnet模式
--import-geth-keys	//从Geth客户端导入密钥
--datadir PATH	//相当于Geth的base-path PATH
--networkid INDEX	//相当于Geth的network-id INDEX

--peers NUM	//相当于Geth的--min-peers NUM
--nodekey KEY	//相当于Geth的node-key KEY
--nodiscover	//相当于Geth的no-discovery
-j --jsonrpc	//该命令无效, jsonRPC已默认设置
--jsonrpc-off	//相当于Geth的no-jsonrpc
-w --webapp	//该命令无效, dapps serve已默认设置
--dapps-off	//相当于Geth的--no-dapps
--rpc	//该命令无效, jsonRPC已默认设置
--warp	//该命令无效, Warp sync已默认设置
--rpcaddr IP	//相当于Geth的--jsonrpc-interface IP
--rpcport PORT	//相当于Geth的--jsonrpc-port PORT
--rpcapi APIS	//相当于Geth的--jsonrpc-apis APIS
--rpccorsdomain URL	//相当于Geth的--jsonrpc-cors URL
--ipcdisable	//相当于Geth的--no-ipc
--ipc-off	//相当于Geth的--no-ipc
--ipcapi APIS	//相当于Geth的--ipc-apis APIS
--ipcpath PATH	//相当于Geth的--ipc-path PATH
--gasprice WEI	//为已被挖矿成功的交易消耗的最小燃料数
--etherbase ADDRESS	//相当于Geth的--author ADDRESS
--extradata STRING	//相当于Geth的--extra-data STRING
--cache MB	//相当于Geth的--cache-size MB

（14）内部参数

--can-restart	//可执行文件将自动重新启动

（15）杂项参数

-c --config CONFIG	//指定包含配置文件的文件名

```
-l --logging LOGGING        //指定日志级别
--log-file FILENAME         //指定日志文件附加文件名
--no-config                 //不要加载配置文件
--no-color                  //不要在输出中使用客户端颜色代码
-v --version                //显示有关版本的信息
-h --help                   //显示帮助
```

4.2 JavaScript运行环境命令

以太坊的JavaScript运行环境（JSRE）可基于交互式（console）或非交互式模式（Script）。以太坊的JavaScript控制台可使用 Web3 JavaScript Dapp API和admin API的全部功能。

4.2.1 ▷ 交互式应用：JSRE REPL控制台

以太坊命令行执行程序Geth具有JavaScript控制台，可通过“geth console”或“geth attach”命令启动。Geth console命令启动geth节点并打开命令行控制台，geth attach命令不会启动Geth节点，而通过连接一个已经运行的Geth实例同时打开命令行控制台。

```
$ geth console
$ geth attach
$ geth attach ipc: /some/custom/path
$ geth attach http://191.168.1.1: 8545
$ geth attach ws: //191.168.1.1: 8546
```

注意 **在默认情况下，Geth节点不会启动HTTP和Websocket服务，而且因为安全原因也不会基于这些接口提供全部接口功能。当**

Geth节点使用-rpcai和-arguments参数启动，或者在JavaScript控制台使用admin.startRPC和admin.startWS命令时，默认设置将被覆盖。

如果需要记录日志信息，用下列参数启动。

```
$ geth --verbosity 5 console 2>> /tmp/eth.log
$ geth console 2>> /dev/null
```

或者

```
$ geth --verbosity 0 console
```

Geth支持通过设置-preloadargument参数加载客户自定义JavaScript文件到控制台。这种方式用于加载经常使用的函数，启动Web智能合约对象等。

```
geth --preload
"/my/scripts/folder/utils.js, /my/scripts/folder/contracts.js" console
```

4.2.2 ▷ 非交互状态下应用：JSRE描述模式

用户可以直接执行JavaScript文件，console和attach两个子命令均接受JavaScript语句-exec参数。

```
$ geth --exec "eth.blockNumber" attach
```

上述命令将输出所运行Geth实例的当前区块号，或者通过HTTP执行一个位于远端节点的本地JavaScript文件。

```
$ geth --exec 'loadScript ("/tmp/checkbalances.js") ' attach
http://123.123.123.123: 8545
$ geth --jspath "/tmp" --exec 'loadScript ("checkbalances.js") ' attach
http://123.123.123.123: 8545
```

使用 –jspath<path/to/my/js/root>设置js文件存储目录，参数

"loadScript"不带绝对路径将被理解为相对当前目录。

退出JavaScript控制台可输入exit或Ctrl-C。

注意

Geth客户端的JSRE使用OttoJS虚拟机具有如下限制。

（1）"use strict"将被解析，但不产生任何作用。

（2）正则表达式引擎（re2/regexp）与ECMA5定义并不完全兼容。

值得注意的是Otto的其他局限（如缺少时钟）已被较好处理。setTimeout和setInterval两个命令在以太坊JSRE中均有实现。此外，控制台提供admin.sleep（seconds）以及一个区块计时休眠方法：admin.sleepBlocks（数值）。

除了JS的全部功能外，以太坊还增加了各类时钟功能。这些功能包括setInterval、clearInterval、setTimeout、clearTimeout等，用户可以应用于浏览器中。同时还提供admin.sleep（秒数）的实现以及基于区块的时钟admin.sleeBlocks（n），这条命令让计算机保持休眠状态直到新加入的区块数大于n，即"等待n个确认"。

4.2.3 ▷ 管理APIs

除了官方Dapp API接口，以太坊节点还支持附加的管理APIs。这些APIs通过JSON-RPC接口遵循Dapp API相同的规则。以太坊控制台客户端支持所有这些附加的管理APIs。

1. 操作方法

通过命令行参数--${接口类别}api可以为以太坊守护进程定义APIs接口类型。这里${接口中}对HTTP通信是RPC类型，对UNIX socket或

Windows pipe则为IPC类。

例如，geth --ipcapi "admin，eth，miner" --rpcapi "eth，Web3"将使能基于IPC接口的admin、官方Dapp和minerAPI，以及使能基于RPC接口的eth和Web3 API。

注意 **基于RPC接口提供API将使任何人均可接入这个接口（如Dapp），因此，必须注意究竟哪些API要使能。默认情况下Geth使能所有基于IPC接口的API和基于RPC的eth、net和Web3 API。**

要确定接口所提供的哪些API可以使用，如在UNIX系统中的IPC接口，可以使用以下命令。

```
echo '{"jsonrpc": "2.0", "method": "rpc_modules", "params": [], "id": 1}' | socat -, ignoreeof  UNIX-CONNECT: $HOME/.ethereum/geth.ipc
```

该命令将显示所有可用API模块及其版本号。

```
{
  "id": 1,
  "jsonrpc": "2.0",
  "result": {
  "admin": "1.0",
  "debug": "1.0",
  "eth": "1.0",
  "miner": "1.0",
  "net": "1.0",
  "personal": "1.0",
```

```
    "rpc": "1.0",
    "txpool": "1.0",
    "Web3": "1.0"
  }
}
```

2. 与应用程序集成

这些附加的管理APIs与官方Dapp API遵循同样的规则。Web3能够扩展和使用这些附加的APIs。这些不同类的函数被细分为多类更小的APIs逻辑组。前面所给出的主要是JavaScript控制台客户端相关的例子，这些命令可以很容易地转变为RPC请求。如下所示。

（1）Console（命令行）

```
miner.start()
```

（2）IPC接口

```
echo
'{"jsonrpc": "2.0", "method": "miner_start", "params": [], "id": 1}' |
socat -, ignoreeof UNIX-CONNECT: $HOME/.ethereum/geth.ipc
```

（3）RPC接口

```
curl -X POST --data {"jsonrpc": "2.0", "method": "miner_start",
"params": [], "id": 74}' localhost: 8545
```

使用线程数作为一个变量。

（1）Console（命令行）

```
miner.start (4)
```

（2）IPC接口

```
echo '{"jsonrpc": "2.0", "method": "miner_start", "params": ["0x04"],
"id": 1}' | socat -, ignoreeof UNIX-CONNECT: $HOME/.ethereum/
geth.ipc
```

（3）RPC接口

```
curl -X POST --data '{"jsonrpc": "2.0", "method": "miner_start", "params": ["0x04"], "id": 74}' localhost: 8545
```

3. 管理API命令表

（1）admin

addPeer	//添加peer网络节点
datadir	//定义数据目录
nodeInfo	//查询节点信息
peers	//查询peer节点信息
setSolc	//设置合约编译器路径
startRPC	//启动基于HTTP的API接口
startWS	//启动基于Websocket的API接口
stopRPC	//停止RPC接口

（2）debug

backtraceAt	//设置日志回溯位置
blockProfile	//打开给定时间段的区块分析，并将配置文件数据写入磁盘
cpuProfile	//在给定的持续时间打开CPU概要文件并将配置文件数据写入磁盘
dumpBlock	//检索对应于区块号的状态，并返回一个账户列表
gcStats	//返回GC统计信息
getBlockRlp	//检索并返回RLP编码的区块的数量
goTrace	//打开给定时间段的运行时跟踪，并将跟踪数据写入磁盘
memStats	//返回详细的运行时内存统计信息
seedHashsign	//按编号提取和检索区块的种子散列值

```
setBlockProfileRate     //设置Gorouting配置文件采集速率
setHead                 //通过区块号设置本地链的当前区块头
stacks                  //返回所有Goroutines堆栈的打印输出
startCPUProfile         //打开CPU配置文件，写入指定的文件
startGoTrace            //开始向给定的文件写入Go运行时跟踪
stopCPUProfile          //停止正在进行的CPU配置文件
stopGoTrace             //停止写入Go运行跟踪
traceBlock              //返回全部调用操作码和所有交易的堆栈跟踪
traceBlockByNumber      // 类同 debug_traceBlock
traceBlockByHash        //类同 debug_traceBlock
traceBlockFromFile      //类同 debug_traceBlock
traceTransaction        //尝试与实际执行完全相同的方式运行交易
verbosity               //设置记录的上限值
vmodule                 //设置日志的详细模式
writeBlockProfile       //写一个Goroutine的配置文件到给定的文件
writeMemProfile         //写一个配置文件到指定文件
```

（3）miner

```
makeDAG                 //为给定的区块数初始化一个新的DAG创建
                        过程
setExtra                //设置矿工可以在挖矿区块时包含的额外数据
setGasPrice             //制定采矿交易时最低可接受的燃料价格
start                   //使用给定的线程数启动CPU挖掘过程，并
                        生成一个新的DAG
startAutoDAG            //预生成DAG
stop                    //停止CPU的挖矿操作
stopAutoDAG             //停止预生成DAG
```

（4）**personal**

```
importRawKey        //从密钥目录导入密钥
listAccounts        //列举节点所包含账户
lockAccount         //从内存中删除给定地址的私钥
newAccount          //创建新账户
unlockAccount       //解锁账户
sendTransaction     //发送交易
sign                //计算以太坊特别签名
```

（5）**txpool**

```
content             //列举交易的详细信息
inspect             //列举所有交易的概述信息
status              //查询目前处于等待状态的交易状态
```

4.3 Web3 JavaScript应用程序API接口

应用程序要基于以太坊工作，可以使用由Web3.js类库提供的Web3对象。基于该引擎，应用程序可以通过RPC调用与本地节点通信，Web3.js可与任何开放RPC层的以太坊节点协同工作。

Web3包含eth对象（Web3.eth专用于以太坊网络接口）和shh对象（Web3.shh用于whisper交互）。

4.3.1 ▷ 加载Web3

首先，需要把Web3.js加载到用户的项目中，可使用如下方法。

```
$ npm: npm install Web3
$ bower: bower install Web3
```

```
$ meteor: meteor add ethereum: Web3
$ vanilla: link the dist./Web3.min.js
```

然后需要创建一个Web3实例，设置接口服务URL。为确保在Mist应用环境中没有改变已经设好的接口服务URL，需要检查Web3是否已经可用。

```
if (typeof Web3 !== 'undefined') {
Web3 = new Web3 (Web3.currentProvider) ;
} else {
// set the provider you want from Web3.providers
Web3 = new Web3 (new Web3.providers.HttpProvider ("http://localhost: 8545") ) ;
}
```

设好之后方可使用Web3对象的API。

4.3.2 ▷ 使用回调

由于Web3 API被设计用于与本地RPC节点协同工作，它的所有功能均默认使用HTTP同步请求。

如果想使用异步请求，可以在绝大部分函数之后加入可选的回调函数作为最后参数。所有回调函数均使用一个错误码回调的形式。

```
Web3.eth.getBlock (48, function (error, result) {
    if (!error)
        console.log (result)
    else
        console.error (error) ;
})
```

4.3.3 ▷ 批处理请求

批处理请求允许成批加载请求并同时处理所加载请求。批处理请求并不能处理得更快，虽然在某些情况下同时产生一批请求可以更有效率地执行任务，但由于请求是采用异步方式处理的，批处理请求主要用于确保请求的系列化处理。

```
var batch = Web3.createBatch();
batch.add (Web3.eth.getBalance.request ('0x0000000000000000000000000000000000000000', 'latest', callback) ) ;
batch.add (Web3.eth.contract (abi) .at (address) .balance.request (address, callback2) ) ;
batch.execute();
```

4.3.4 ▷ Web3.js中的超大数字

在以太坊智能合约的开发中，用户经常会获得一个超大数字对象，由于JavaScript不能正确处理超大数字，需要依赖特别的函数进行处理。请看下面的例子。

```
"101010100324325345346456456456456456456"
// 显示: "101010100324325345346456456456456456456"
101010100324325345346456456456456456456
//显示: 1.0101010032432535e+38
```

可见数字字符串的数据被完整保留，但数字类型则因为数值太大，其数字不能被完整保存。

Web3.js依赖BigNuber库并且自动加载。

```
var balance = new BigNumber ('13124234435346456456457457456 7456') ;
```

```
// 或者: var balance = Web3.eth.getBalance (someAddress) ;
balance.plus (21) .toString (10) ; // toString (10) 函数把数字转为一个数字字符串
// "131242344353464564564574574567477"
```

下面的例子将不能工作，由于超过20个浮点数，因此，建议账户余额使用wei作为单位，当提供给用户时再转换为其他单元。

```
var balance = new BigNumber ('13124.234435346456466666457455567456') ;
balance.plus (21) .toString (10) ; // toString (10) 函数把数字转换为一个数字字符串, 但仅能显示20个浮点小数位
// "13145.23443534645646666646" // 数字小数位20位之后被切掉
```

4.3.5 ▷ Web3.js API

如下是Web3.js API的函数列表。

（1）Version //版本信息查询

- api //返回API版本号
- node/getNode //返回节点版本号
- network/getNetwork //返回网络协议版本号
- ethereum/getEthereum //返回以太坊协议版本
- whisper/getWhisper //返回Whisper协议版本

（2）isConnected() //检查是否已连接到一个节点

（3）setProvider（provider） //设置提供商

（4）currentProvider //返回当前提供商

（5）reset() //重置Web3状态

（6）sha3（string，options） //对给定字符串进行散列变换

（7）toHex（stringOrNumber） //把字符串或数字转为十六进制

（8）toAscii（hexString）　　　　//把十六进制字符转为ACSII码

（9）fromAscii（textString，[padding]）

//把ASCII码字符转为十六进制

（10）toDecimal（hexString）　　　//把十六进制字符串转为数字形式

（11）fromDecimal（number）　　　//把一个数字转为其十六进制形式

（12）fromWei（numberStringOrBigNumber，unit）

//把以wei为单位的以太币数值换算为其他单位的数值

（13）toWei（numberStringOrBigNumber，unit）

//把其他单位的以太币数值换算为以wei为单位的数值

（14）toBigNumber（numberOrHexString）

//把给定数字转为大数据实例

（15）isAddress（hexString）　　　　//判断是否是一个以太坊地址

（16）net

- listening/getListening　　　　//返回节点是否处于连接状态
- peerCount/getPeerCount　　　//返回处于连接的peer节点数

（17）eth

- defaultAccount　　　　//返回当前设置的默认账户
- defaultBlock　　　　//返回当前使用的默认区块
- syncing/getSyncing　　　　//返回当前网络是否已同步
- isSyncing　　　　//返回回调函数的结果状态
- coinbase/getCoinbase　　　　//返回挖矿账户
- hashrate/getHashrate　　　　//返回节点散列率
- gasPrice/getGasPrice　　　　//返回燃料价格
- accounts/getAccounts　　　　//返回指定账户信息
- mining/getMining　　　　//返回挖矿信息
- blockNumber/getBlockNumber　//返回当前区块号

- getBalance（address）　　　//返回账户余额
- getStorageAt（address，position）

  //返回账户在指定位置的存储信息
- getCode（address）　　　//返回指定账户的代码
- getBlock（hash/number）　　　//返回指定区块号的区块信息
- getBlockTransactionCount（hash/number）

  //返回指定区块号的交易数量
- getUncle（hash/number）　　　//返回指定区块号的叔区块
- getBlockUncleCount（hash/number）

  //返回指定区块号的叔区块数量
- getTransaction（hash）　　　//返回指定交易号的交易信息
- getTransactionFromBlock（hashOrNumber，indexNumber）

  //返回指定区块号的交易信息
- getTransactionReceipt（hash）

  //返回指定交易散列值的接收者信息
- getTransactionCount（address）

  //返回指定地址所发送的交易数量
- sendTransaction（object）　　　//向网络发送一个交易
- sendRawTransaction（object）

  // 向网络发送一个已经签名的交易
- sign（object）　　　//从一个特别账户对数据签名
- call（object）　　　//执行一个消息调用交易
- estimateGas（object）　　　//估算一个交易的燃料值
- filter（array（，options））
- watch（callback）

  //监视适合筛选器的状态更改，并调用回调函数

- stopWatching（callback） //停止监视和卸载过滤器中的节点
- get() //返回适合筛选器的所有日志条目
- contract（abiArray） //创建一合约对象
- contract.myMethod() //调用合约方法
- contract.myEvent() // 类同filter一样使用事件
- contract.allEvents() //返回由合约所创建的事件
- getCompilers() //获取可用编译器列表
- compile.lll（string） //编译LLL源码
- compile.solidity（string） //编译Solidity源码
- compile.serpent（string） //编译Serpent源码
- namereg //返回全局变量

（18）db

- putString（name，key，value） //向本地数据库存入数据
- getString（- var rXArray =stringToNumberArray（form. rX.value）；name，key） //从本地数据库获取数据
- putHex（name，key，value） //向本地数据库存入十六进制数据
- getHex（name，key） //从本地数据库获取十六进制数据

（19）shh

- post（postObject） //向网络上传消息对象
- newIdentity() //创建一个新的身份
- hasIdentity（hexString） //检查用户是否已经拥有指定身份

- newGroup（_id，_who）
- addToGroup（_id，_who）
- filter（object/string）　　　　//监视收到的Whisper消息
- watch（callback）
- stopWatching（callback）
- get（callback）

4.4 JSON RPC API

JSON是一类轻量数据交换格式，用于描述数字、字符、序列化值、"名字/值"对集合。JSON-RPC是无状态、轻量化远程程序接口（RPC）协议。这个协议主要定义了几类数据结构及相关的数据处理规则。作为透明传输协议，这个概念也能用于基于sockets、HTTP或者其他很多不同的消息传输环境中。JSON-RPC使用JSON（RFC4627）作为数据格式，基于JSON-RPC可以在Java、C++等应用程序中直接调用以太坊客户端的相关方法。

4.4.1 ▷ 默认JSON-RPC客户端

JSON-RPC默认地址如表4.1所示。

表4.1　JSON-RPC默认地址

客户端	URL
CPP ethereum	http://localhost：8545
Geth	http://localhost：8545
Parity	http://localhost：8545
Pyethapp	http://localhost：4000

1. Geth（基于Go语言）

用-rpc参数启动HTTP JSON-RPC。

```
geth --rpc
```

用以下命令改变默认端口（8545）和地址（localhost）。

```
geth --rpc --rpcaddr <ip> --rpcport <portnumber>
```

如果通过浏览器接入RPC，CORS需正确设置域名及端口号。否则JavaScript调用将被同区域策略限制，从而使请求失败。

```
geth --rpc --rpccorsdomain "http://localhost: 3000"
```

JSON-RPC也可通过geth console使用admin.startRPC（addrm、port）命令启动。

2. CPP ethereum（基于C++语言）

运行带-j选项的eth程序启动。

```
./eth -j
```

定义JSON-RPC端口（默认值：8545）。

```
./eth -j --json-rpc-port 8079
```

3. Pyethapp（基于Python语言）

在Python中，JSON-RPC服务器以如下默认地址和端口启动。

```
127.0.0.1: 4000
```

可以通过设置如下配置参数改变侦听地址及端口。

```
pyethapp -c jsonrpc.listen_port=4002 -c jsonrpc.listen_host=127.0.0.2 run
```

4. 各类客户端JSON-RPC支持情况

各客户端接口支持情况如表4.2所示。

表4.2　各客户端接口支持

	cpp-ethereum	Geth	Pyethapp
JSON-RPC 1.0	√		
JSON-RPC 2.0	√	√	√
Batch requests	√	√	√
HTTP	√	√	√
IPC	√	√	
WS		√	

4.4.2 ▷ 十六进制编码

以太坊网络中有两个关键数据类型基于JSON传输：非格式化字节数组和数量，两者都以十六进制（hex）编码，但它们有不同的格式需求。

当编码数字（整型或数值型）时，编码为hex格式，以“0x”为前缀是最紧凑的表示（例外：0为0x0来表示）。

- 0x41（十进制65）
- 0x400（十进制1024）
- 错误：0x（将至少有一个数字- 0是 "0x0"）
- 错误：0x0400（不允许0开头）
- 错误：ff（必须用0x作前缀）

当编码非格式化数据（字节数组、账户地址、散列值及字节码数组）时，编码为hex，以“0x”为前缀，每比特两个hex数值。

- 0x41（大小1，"A"）
- 0x004200（大小3，"\0B\0"）
- 0x（大小0，""）
- 错误：0xf0f0f（数字个数必须是偶数）

- 错误：004200（必须以0x为前缀）

当前cpp-ethereum和Geth已提供基于HTTP和IPC（unix socket Linux和Mac OS、Windows Pipes）的JSON-RPC通信。1.4版本的go-ethereum已支持Websoket。

4.4.3 ▷ 默认区块参数

下列方法均可使用默认区块参数。

eth_getBalance //查询相应账户中以太币余额

eth_getCode //查询代码

eth_getTransactionCount //查询交易号

eth_getStorageAt //查询存储位置

eth_call // 以太坊调用

当请求以太坊当前的状态，默认的区块参数决定了区块号。下列为参变量所对应的默认区块参数。

HEX String – //十六进制字符串

String "earliest" //表示最早或创始区块

String "latest" – //表示最新加入链的区块

String "pending" – //表示待处理交易

4.4.4 ▷ JSON-RPC方法列表

如下是基于JSON-RPC可调用的方法列表。

Web3_clientVersion //客户端版本查询

Web3_sha3 //散列计算

net_version //网络协议版本查询

net_peerCount //网络中peer节点数

net_listening //网络是否处于连接状态

```
eth_protocolVersion                     //以太坊版本号查询
eth_syncing                             //同步状态查询
eth_coinbase                            //当前挖矿账户
eth_mining                              //挖矿信息查询
eth_hashrate                            //设置散列变换率
eth_gasPrice                            //燃料价格
eth_accounts                            //节点账户列表
eth_blockNumber                         //区块号查询
eth_getBalance                          //指定账户余额查询
eth_getStorageAt                        //账户在指定位置的存储信息
eth_getTransactionCount                 //指定区块交易数
eth_getBlockTransactionCountByHash      //指定区块交易数
eth_getBlockTransactionCountByNumber    //指定区块交易数
eth_getUncleCountByBlockHash            //指定区块叔区块数
eth_getUncleCountByBlockNumber          //指定区块叔区块数
eth_getCode                             //指定账户代码
eth_sign                                //对数据用默认账户签名
eth_sendTransaction                     //发送交易
eth_sendRawTransaction                  //发送签名后的交易
eth_call                                //执行消息调用交易
eth_estimateGas                         //估算交易燃料消耗
eth_getBlockByHash                      //查询区块信息
eth_getBlockByNumber                    //查询区块信息
eth_getTransactionByHash                //查询交易信息
eth_getTransactionByBlockHashAndIndex
//查询贸易区块中的交易信息
```

eth_getTransactionByBlockNumberAndIndex
//查询区块中的交易信息

eth_getTransactionReceipt	//查询交易接收者信息
eth_getUncleByBlockHashAndIndex	//查询叔区块信息
eth_getUncleByBlockNumberAndIndex	//查询叔区块信息
eth_getCompilers	//查询编译器
eth_compileLLL	//使用LLL编译源码
eth_compileSolidity	//使用Solidity编译源码
eth_compileSerpent	//使用Serpent编译源码
eth_newFilter	//使用消息过滤器
eth_newBlockFilter	//使用新的区块过滤器
eth_newPendingTransactionFilter	//使用新的交易等待过滤器
eth_uninstallFilter	//卸载过滤器
eth_getFilterChanges	//查询过滤器状态变化
eth_getFilterLogs	//查询过滤器日志
eth_getLogs	//查询日志
eth_getWork	//查询当前区块封装工作
eth_submitWork	//提交区块封装工作
eth_submitHashrate	//提交散列变换率
db_putString	//向本地数据库存入字符串
db_getString	//从本地数据库查询字符串
db_putHex	//向本地数据库存入十六进制数据
db_getHex	//从本地数据库取出十六进制数据

思考题

1. 比较Geth与Parity两种以太坊客户端命令行控制台操作的异同。
2. 基于Geth客户端的JavaScript控制台执行环境，创建以太坊账户，并在账户之间进行转账操作。
3. 尝试在你的应用开发环境如Nodejs或Java中通过Web3.js或Web3J调用Geth客户端的账户创建、账户查询及转账操作等。

5 CHAPTER

智能合约编码、部署与应用

智能合约是以太坊的核心创新，基于智能合约，使诞生于“虚拟币”的区块链不再单一支持“虚拟币”这一种应用，而成为可以灵活支持各类去中心化应用的基础性技术平台。

以太坊最核心的内容之一就是如何根据需要，创建、编译、部署与应用智能合约。

5.1 智能合约账户与交易

以太坊中的“智能合约”并不是要“满足”或“遵守”什么的意思，实际上，“智能合约”更像是以太坊执行环境内部处于在线状态的“异步代理”，当通过交易或其他消息触发后执行一段特定代码，直接控制其自己的“虚拟币”账户，以及在其自身的存储器中存入永久性状态信息。

5.1.1 ▷ 智能合约账户

如前文所述，在以太坊网络中有两类账户：外部用户账户和智能合约账户，其中智能合约账户具有如下特征。

（1）一个“虚拟币”账户。

（2）相关代码。

（3）通过交易或接受其他合约的消息触发合约代码执行。

智能合约代码执行可完成任意复杂度计算（图灵完备），可读写自身的“永久”存储（即拥有自身的“永久”状态），可以调用其他合约。

本质上，以太坊网络上的所有操作均由外部账户发出的交易命令触发。智能合约接受一个交易，交易将提供合约代码执行所需的相关参数。智能合约代码由以太坊网络每个节点的以太坊虚拟机解释执行，运行合约代码是挖矿节点参与新区块验证的重要工作内容。

合约代码的执行必须是完全确定的，其仅有的上下文是区块链上相关区块的位置和可访问的数据。区块链上的区块代表了时间序列上的区块单元，区块链是以时间维度为基础的区块集合，代表了离散时间点上由链上区块所表达的整个网络链状态变化历史。

5.1.2 ▷ 智能合约的交易

在以太坊中，交易是签名数据包，其中存储着从区块链上一个外部账户发送给另一个账户的消息。交易包含如下内容。

（1）消息接收者（地址）。

（2）识别发送者身份的签名和证明通过区块链向接收者发送了相关操作的信息。

（3）Value域：发送者向接收者转账的数量（单位为wei）。

（4）发送给智能合约的参数域。

（5）Startgas值：表示交易执行的最大燃料限额值。

（6）Gasprice值：表示发送者希望消耗的燃料值。一个单位的燃料对应一个自动执行命令（一个计算步骤）。

1. 合约消息

一个智能合约能够给其他智能合约发送消息（Messages）。消息是永远不会序列化的虚拟对象，仅存于以太坊执行环境，可以认为就是函数调用。一个消息包含如下内容。

（1）消息的发送者（隐含）。

（2）消息的接收者。

（3）Value域：向智能合约地址转账的数量（单位为wei）。

（4）可选数据域：给智能合约的实际输入参数。

（5）Startgas值：消息触发代码执行所产生的最大燃料值。

消息除了是由合约产生而不是外部账户产生外，基本等同交易。当一个正在执行的合约执行call或者delegatecall操作命令时，就产生一条消息。类同交易，消息触发接收合约账户运行其代码。因此，合约之间的关系与外部账户之间的关系基本类同。

2. 合约燃料消耗

以太坊在区块链上提供了以太坊虚拟机这一可执行程序运行环境。每个参与网络的节点均运行以太坊虚拟机作为区块链验证协议的一部分。它们遍历所有列入区块中的交易，在以太坊虚拟机上验证并运行由交易触发的代码。网络中的每个完整节点执行同样的运算和存储相同的数据。很显然，以太坊不是用于计算效率优化的，其并行计算是高度冗余并行，它是一个在不需要可信任的第三方机构场景下，P2P系统达成共识的有效方法。事实上合约执行是在节点间冗余复制执行，这自然使其计算成本高昂，因此，那些可以离链执行的运算就不必使用区块链来计算。

一个去中心化的应用通过与区块链交互来读取和修改相关状态，这些应用一般只把非常重要的商业逻辑与状态数据放到区块链中。

当一个合约被一个交易或消息触发而开始执行，每条命令将在网络中的每个节点执行，这就将产生计算成本：每个被执行的操作都可以用一个燃料单元来表示其特定计算成本。

燃料驱动智能合约运行，正是这个创意触发了以太坊的发明者在网络中使用燃料来表示驱动区块链以太坊运行的“动力”，因而燃料单位与具有实际成本的命令计算单位之间具有对应关系。而燃料与“虚拟币”之间的对应关系由矿工决定，矿工能够拒绝执行一个燃料消耗值低于他们最低限额的交易。要取得燃料，用户只需在用户账户中增加“虚拟币”，以太坊客户端按照用户为每个交易设定的最大燃料限额自动获取燃料。

每个交易均有燃料限额和用户愿意为每个燃料付出的“虚拟币”数量。矿工有权选择是否执行交易和获得“虚拟币”。如果由包括初始消息和其触发的子消息的交易所提供的燃料总量大于或等于燃料限额，交易就将执行。如果所提供的燃料低于燃料限额，则除了已经生效的交易和仍然能够为矿工所获得的“虚拟币”外，所有修改将退回到交易执行前的状态。所有交易执行中未被使用的燃料，将重新用“虚拟币”退还给交易发送者。用户不必担心超支，因为只需要在发生交易或执行合约时消耗燃料。这就意味着在发送交易时燃料适当高于燃料限额估计值，既是有用的，也是安全的。

5.1.3 ▷ 合约交易成本估算

一次交易所需的“虚拟币”总体成本主要由两个因素影响。

（1）gasUsed：交易所消耗的总体燃料数

（2）gasPrice：交易中所定义的每单位燃料价格（用以太币计量的“虚拟价格”）

$$总体成本 = gasUsed \times gasPrice$$

1. gasUsed

在以太坊虚拟机中的每个操作均要分配一个它需消耗多少燃料的数值，gasUsed是所有操作执行后的燃料总量。可参考表5.1。

表5.1　操作燃料成本

操作名	燃料成本	说明
Step	1	每个执行物循环的默认数量
Stop	0	免费
Suicide	0	免费
SHA3	20	
Sload	20	从永久存储中取数据
Store	100	向永久存储存入数据

续表

操作名	燃料成本	说明
Balance	20	
Create	100	合约创建
Call	20	初始化一个只读函数调用
Memory	1	扩充内存时增加一个字节
Txdata	5	每字节的数据或每个交易的编码
Transaction	500	基础交易费
Contract creation	53 000	在 Homestead 网络中已从原 21 000 修改

为估算gasUsed，以太坊提供了一个可供燃料估算的函数estimateGas API（不过，这个函数具体使用时会有一些警告）。

2. gasPrice

在构建和签发每次交易时，每个用户都可以定义他们所希望的任何燃料价格，甚至可以是0。但是，以太坊客户端在以太坊网络中发布时有一个默认的燃料价格0.05e12wei。由于矿工希望获得更好的收入，如果大多数交易都用0.05e12wei的燃料价格提交，则把燃料价格定义得更低甚至为0的交易将很难被矿工接受和确认。

3. 交易成本示例

下面介绍一个能把两个数据相加的智能合约。以太坊虚拟机操作码ADD（“加”运算）需要消耗3个燃料。

使用默认的燃料价格（2016年1月），其预估成本为：

$$3 \times 0.05\text{e}12 \text{ wei} = 1.5\text{e}11 \text{ wei}$$

由于1ether =10^{18}wei，则总共的成本为0.000 000 15ether。上述计算忽略了其他成本，如在数据相加之前向合约传递两个数据参数的成本。

5.1.4 ▷ 合约之间的交互

正如前面所提到的，以太坊网络中有两类账户：外部用户账户（EOA），这类账户由私有密钥控制，一旦将私有密钥与EOA关联，就能够从账户发送“虚拟币”和消息；合约账户，这类账户有它自身的代码并被代码控制。

默认条件下，以太坊执行环境是无状态的。如没有外部触发，以太坊网络的状态不会发生变化，所有账户状态都是一样的。任何用户通过外部账户发送一个交易将触发一个动作，从而使以太坊处于活动状态。如果交易的目标是另外一个EOA，交易除了“虚拟币”互换外也不能做其他任何事情。如果交易的目标是一个智能合约，合约一旦被触发，它就可以自动运行合约代码。

合约代码能够读、写其自身的内部存储（一个匹配32字节密钥与32字节数值的数据库），读出所接收消息的存储数据，向另一个合约发送消息，反过来触发其执行。一旦合约执行停止，由合约停止发出的消息触发的所有子代码也将停止（在一个确定性同步顺序环境中，父函数下一步操作执行之前，所有调用的子函数必须先执行完成），执行环境中止，直到由下一次交易唤醒。

智能合约通常服务于4个目标，因而有如下4类合约。

（1）数据存储合约。这类合约保存一类能够表示合约或现实世界中有价值的数据。例如“虚拟币”智能合约用于存储用户账户“虚拟币”数据，自治组织会员智能合约用于记录自治组织会员信息。

（2）账户代理合约。这类合约用于使用复杂控制机制的用户账户，一般是在满足一定条件下，转发用户账户所发消息到目标地址。例如，有一种合约，需要实现在已知的3个私钥中至少2个已经确认某一特定消息后，才转发这个消息到某目标地址。更复杂的代理合约，将基于所发送消息的特征会有不同的执行条件。钱包合约（如以太坊钱包Mist）是这个功能非常好的应用例子。

（3）开放条件合约。按照公开的条件管理与公众用户之间的关系。这类合约包括一些财务合约、某些特殊类型的中介代理或者某类保险，这类合约让其他人在任何时间均可以调用该类合约，在满足合约条件下，合约将自动执行相关操作。例如任何人对某些数学问题提供了有效的解决方案、证明或提供了一定的计算资源，合约将自动向他发送一定的奖励。

（4）函数库合约。向其他合约提供功能，基本上作为一个软件函数。

合约之间通过调用或发送消息的方式进行交互。一条消息一般包括一定量的“虚拟币”、任何大小的数组数据、发送者和接收者的地址。当一个合约接收到一条消息时，它可以回复一些数据，这样消息的原发送者就能立即使用。采用这种方法，发送一条消息就像调用一次函数。

合约能够发挥如此不同的用途，所以人们希望合约之间能相互交互。如下是有关上述各类合约综合应用的一个例子。

小张有两个账户，分别为账户A和账户B，并拥有名为Gavcoin的“虚拟币”。他制定了一个协议：如果他所在城市下一年的某个时间温度超过35℃，账户A向账户B转账100个Gavcoin。账户A使用了一个代理合约，这个代理合约在3个私钥中至少2个同意后才发出消息。而账户B所使用的代理合约，只有在其签名合约采用了基于SHA256进行消息签名后才开始执行。

这个协议需要从其他合约中检索小张所在城市的天气数据，同时当它想给账户B（或者更准确地说是账户B的代理合约）发送Gavcoin时，需要通过Gavcoin进行合约之间的交互。两个账户之间的关系如图5.1所示。

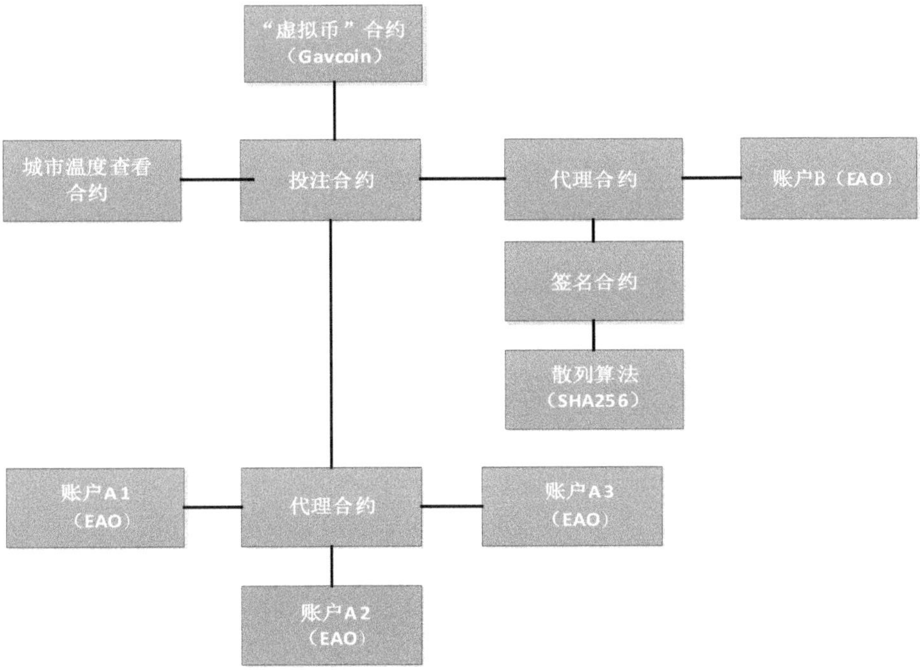

图 5.1　账户及合约关系图

当小张想结束这个协议时，将执行下列操作步骤。

（1）一次交易被发出，触发一条从账户B的EOA到他的代理合约的消息。

（2）账户B的代理合约发送一个散列消息，签名合约作为一个签名校验函数合约进行签名。

（3）签名校验函数看到账户B想要一个基于SHA256的签名，当它需要验证签名时多次调用SHA256库函数。

（4）一旦签名函数返回1，表示签名已被校验，它就发送一条消息给代表投注的合约。

（5）投注合约检查提供所在城市温度的合约，确定其温度是多少。

（6）投注合约看到所回复消息显示温度超过35℃，因此，它发送一条消息给Gavcoin合约，并由Gavcoin合约从账户A的代理合约向账户B的代理合约转账100个Gavcoin。

注意 **“虚拟币”Gavcoin在Gavcoin合约存储中建有相关数据项。第6步的“转账”是在Gavcoin合约中设置一个数据项，这个数据项具有一个包括协议合约地址和账户值的密钥。在接收到这个消息后，Gavcoin合约将在账户A数据项中减少一定数量的Gavcoin，同时在账户B的代理合约地址中增加一定数量的Gavcoin。这些过程如图5.2所示。**

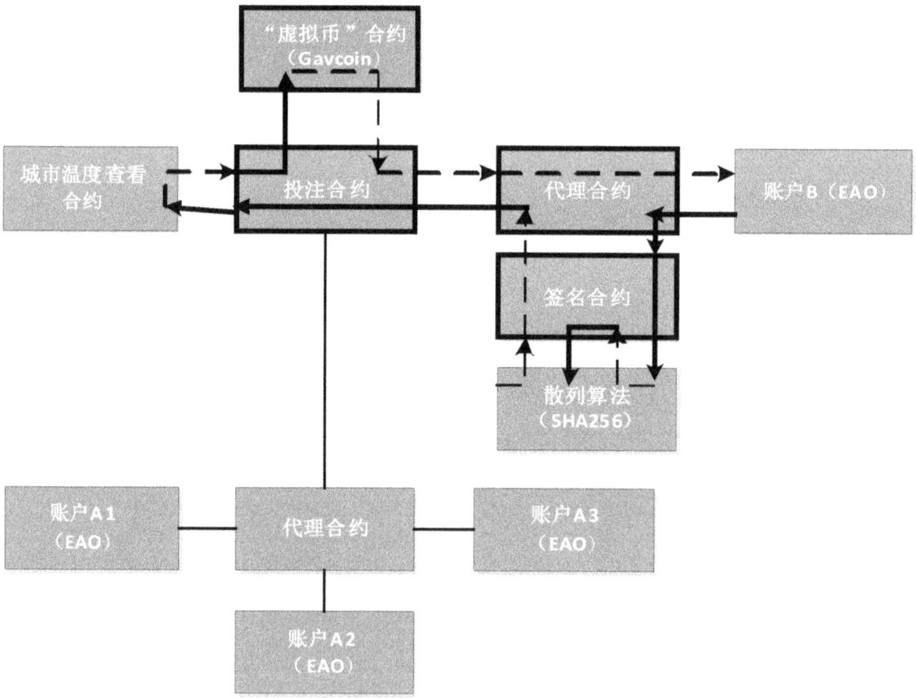

图 5.2　合约工作过程

5.2 一个简单的智能合约应用

为了快速体验在应用程序代码中使用智能合约，用户可以使用目前以太坊初学者常用的一个以太坊开源框架Truffle来创建第一个智能合约应用。使用Truffle框架的相关命令将自动创建一个简单的“虚拟币”应用，用户可基于浏览器访问该应用并进行简单的“虚拟币”转账操作。

5.2.1 ▷ 创建项目

首先创建一个空的工程目录，如D：\truffle\MetaCoin，在VS Code中单击“打开文件夹”，然后选中D：\truffle\MetaCoin目录，进入终端面板（如果未打开该面板，可通过“查看-集成终端”打开，如图5.3所示）。

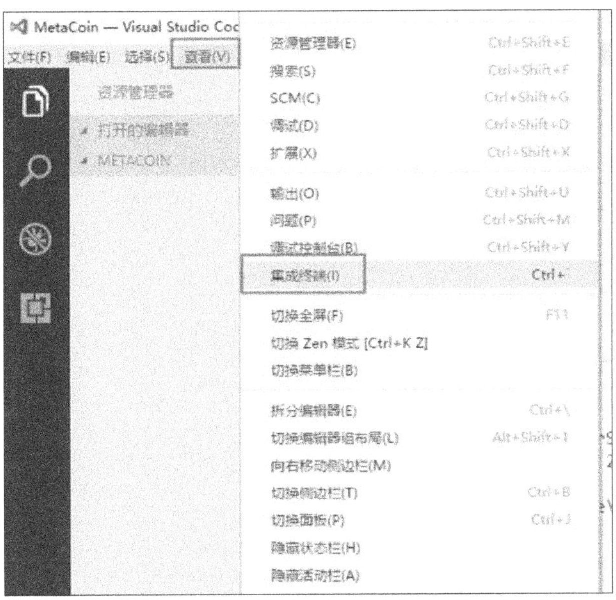

图 5.3　打开 Truffle 框架

在命令行输入命令“truffle init webpack”，系统将自动下载并安装项目依赖的js包，由于依赖的包较多，需要过一段时间才能安装完成，如图5.4所示。

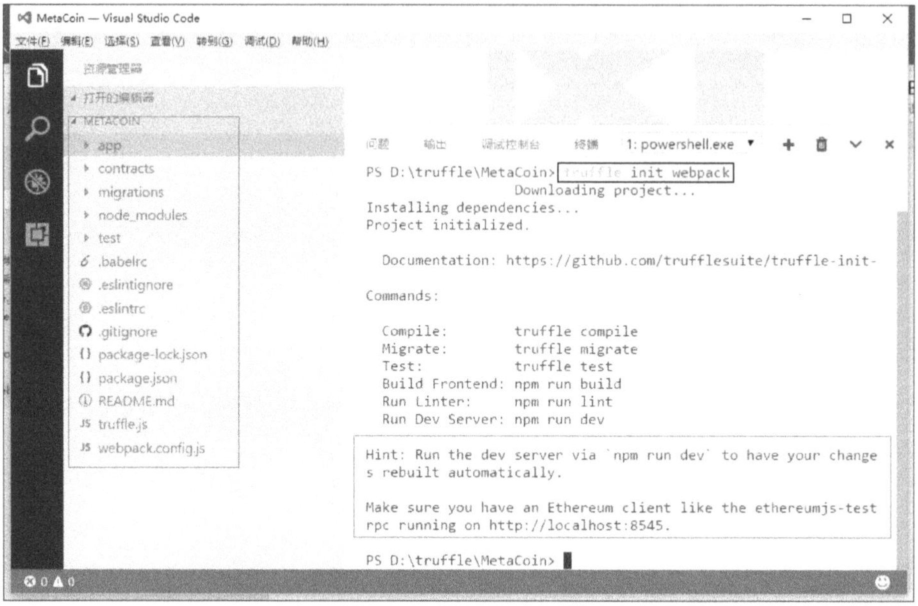

图 5.4　运行 Truffle 框架命令

该项目为Node.js项目，package.js配置文件内容如下所示。

```
{
  "name": "truffle-init-webpack",
  "version": "0.0.1",
  "description": "Frontend example using truffle v3",
  "scripts": {
    "lint": "eslint ./",
    "build": "webpack",
    "dev": "webpack-dev-server"
  },
  "author": "Douglas von Kohorn",
  "license": "MIT",
  "devDependencies": {
```

```
    "babel-cli": "^6.22.2",
    "babel-core": "^6.22.1",
    "babel-eslint": "^6.41.2",
    "babel-loader": "^6.2.10",
    "babel-plugin-transform-runtime": "^6.22.0",
    "babel-preset-env": "^1.1.8",
    "babel-preset-es2015": "^6.22.0",
    "babel-register": "^6.22.0",
    "copy-webpack-plugin": "^4.0.1",
    "css-loader": "^0.26.1",
    "eslint": "^3.14.0",
    "eslint-config-standard": "^6.0.0",
    "eslint-plugin-babel": "^4.0.0",
    "eslint-plugin-mocha": "^4.8.0",
    "eslint-plugin-promise": "^3.0.0",
    "eslint-plugin-standard": "^2.0.0",
    "html-webpack-plugin": "^2.28.0",
    "json-loader": "^0.5.4",
    "style-loader": "^0.13.1",
    "truffle-contract": "^1.1.6",
    "Web3": "^0.18.2",
    "webpack": "^2.2.1",
    "webpack-dev-server": "^2.3.0"
  }
}
```

5.2.2 ▷ 编译和运行项目

用户可以根据项目生成时的提示直接运行项目。用户需要运行Truffle测试客户端Testpro，命令行状态下，在truffle文件目录中运行如下命令。

D: \truffle\MetaCoin> testrpc

可以在客户端中看到如下内容。

```
EthereumJS TestRPC v3.9.2
Available Accounts
==================
 (0) 0xa75fea41e5796271ec8c7f0bf286a143e8a4229d
 (1) 0x44bf31b916460d0e41c697980a444f0793001f4d
 (2) 0xdf573095da1aed28c7365d9ccc75b5a66cab4a51
 (3) 0x06a208b5e3b21d2bde6e20dca5b74c514c8fea91
 (4) 0x970e64cc77f9521c805482b5156127a64bb69616
 (5) 0x834f35c946cd52121e9dd77a4d63e04e4e938f0e
 (6) 0x790dc5ee90036bbe8eaa8126612f29a3fd15194f
 (7) 0xf0bbe260228006d8a140a1d485ce05d79236efc2
 (8) 0x9f126dd08101f58ec83c49593ab62e1400efb68b
 (9) 0xe17685b2edf35601d39850bab54ada11e6b8498e
Private Keys
==================
 (0) 07465cc05fefdac34548ec8b5aa3f6095cd9e5e3c8cde1ff3ce53f
3fbdd7a37e
 (1) 123a71975e4ef9cdb036f83991fba7483c1dffe87640f1554c0b2d
cc513cfbe4
```

```
(2) 16bb35af6b6b7edf67fafd5f3b9ee527a9779aa72f4139c75681d
b00bf19019a
(3) 527457c3dcbfeae9013ad4fb21bbcc9997d88b2045c0274b2a81
bb808d9b613a
(4) d5896bac77e3c3434ac2ad2bbe1475299a99f7948a490d5299c
40a7e8b10022a
(5) 0bd6656654db0c3f4ab560aabdcb33306e1456b7441ab7b0a48
a478ec6873b6c
(6) 2f7b71de0cc13741294ae34b9e5ee95379385f577e4d94cb90ab
dcd04fb8fc75
(7) ef7a30e72a954a41dd8efadb39a767b9362da6f5df49a78c6b66
38880fcc66b7
(8) 8af5535b3f7e93fa856920b7eaa397de5c958fa3f86488eb24baf
3a38159731a
(9) 9dd34ead29ed6e48bd8aafbc022b4c6090c0fdebe3acd457c19a
35126a31d80d
HD Wallet
==================
Mnemonic: eternal matter dry dismiss stereo jeans bid bid roast
hotel mystery ball
Base HD Path: m/44'/60'/0'/0/{account_index}
Listening on localhost: 8545
>
```

由于测试客户端需要一直运行，所以需要再开户一个客户端，单击终端面板右上端的“+”即可开启一个客户端，然后进行以下几步操作即可实现服务端的启用。

（1）执行编译

```
PS D: \truffle\MetaCoin> truffle compile
Compiling .\contracts\ConvertLib.sol...
Compiling .\contracts\MetaCoin.sol...
Compiling .\contracts\Migrations.sol...
Writing artifacts to .\build\contracts
```

（2）部署合约

```
PS D: \truffle\MetaCoin> truffle migrate
Using network 'development'.

Running migration: 1_initial_migration.js
  Deploying Migrations...
  Migrations: 0x0ab5f5ffffe25b2d04966e41d7841723815f48fc
Saving successful migration to network...
Saving artifacts...
Running migration: 2_deploy_contracts.js
  Deploying ConvertLib...
  ConvertLib: 0x3862e266dba19a042cd4e78e13bce3e8a90e595c
  Linking ConvertLib to MetaCoin
  Deploying MetaCoin...
  MetaCoin: 0xa5ac1c9c30f4fe178afdd441a131cbefde902bc3
Saving successful migration to network...
Saving artifacts...
```

（3）运行服务端应用

```
app.js    1.35 MB    0    [emitted]    [big]    main
index.html    925 bytes    [emitted]
```

```
chunk    {0} app.js (main) 1.33 MB [entry] [rendered]
[82] ./~/Web3/index.js 193 bytes {0} [built]
[86] ./app/javascripts/app.js 3.64 kB {0} [built]
[87] (webpack) -dev-server/client?http://localhost: 8080 4.9 kB {0} [built]
[88] ./build/contracts/MetaCoin.json 3.3 kB {0} [built]
[90] ./~/ansi-regex/index.js 135 bytes {0} [built]
[129] ./~/punycode/punycode.js 14.7 kB {0} [built]
[132] ./~/querystring-es3/index.js 127 bytes {0} [built]
[160] ./~/strip-ansi/index.js 161 bytes {0} [built]
[163] ./app/stylesheets/app.css 905 bytes {0} [built]
[170] ./~/truffle-contract/index.js 2.59 kB {0} [built]
[205] ./~/url/url.js 23.3 kB {0} [built]
[240] (webpack) -dev-server/client/overlay.js 3.59 kB {0} [built]
[241] (webpack) -dev-server/client/socket.js 856 bytes {0} [built]
[243] (webpack) /hot/emitter.js 77 bytes {0} [built]
[245] multi (webpack) -dev-server/client?http://localhost: 8080 ./app/
javascripts/app.js 40 bytes {0} [built]
+ 231 hidden modules
webpack: Compiled successfully.
```

（4）Web访问

打开浏览器，输入http://localhost：8080，即可看到已经成功运行（若显示未找到网页，一般是没有正确启动Testpro）。

从图5.5可以看到用户已经拥有10 000个“虚拟币”（这里的“虚拟币”被命名为MetaCoin），用户可以向其他账户（地址）转账，操作时只需要输入转账金额（Amount，不输入时将使用默认值95）和对方地址（To Adress，不输入时将使用默认值），然后单击“Send MetaCoin”按钮。转账成功后可发现当前账户金额已经减少，如图5.6所示。

图 5.5 智能合约“虚拟币”应用页面

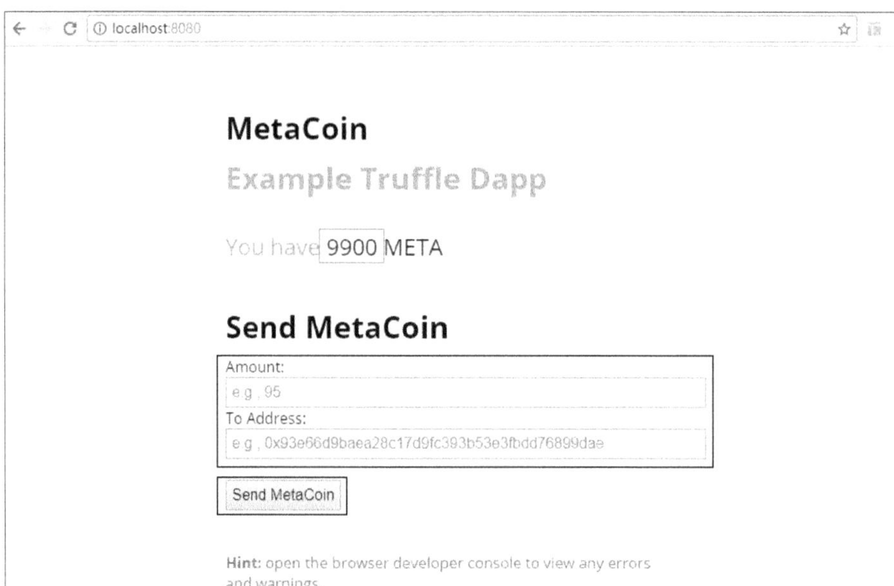

图 5.6 发送 100 个“虚拟币”后的页面

同时在VS Code运行的Testrpc客户端中可看到有相应的交易信息输出，包括事务、燃料消耗、记录的区块号、时间戳等，如下所示。

```
Transaction:
0xc4ed3efb89c583dd685c22e03bfd5ff11a689df779517807ea679f4
11b820192
Gas usage: 0xc00c
Block Number: 0x07
Block Time: Tue Jul 11 2017 16: 16: 43 GMT+0800 (中国标准时间)
eth_getTransactionReceipt
eth_accounts
net_version
eth_call
eth_sendTransaction
Transaction:
0xf3464bdbfafcdc4e4fa118f564cf942936ad69742a322f519ac427ac
375223a5
Gas usage: 0x8534
Block Number: 0x08
Block Time: Tue Jul 11 2017 16: 16: 55 GMT+0800 (中国标准时间)
eth_getTransactionReceipt
eth_accounts
net_version
eth_call
```

5.3 智能合约应用开发流程

本节主要介绍智能合约的一般开发流程，包括环境加载、合约编程、编译、部署与应用、元数据注册及交易测试等流程。

5.3.1 ▷ 加载Web3

首先需要把Web3.js加载到项目中，可使用如下方法。

```
npm: npm install Web3
bower: bower install Web3
meteor: meteor add ethereum: Web3
vanilla: link the dist./Web3.min.js
```

然后创建一个Web3实例，设置接口服务URL。为确保在Mist应用环境中没有改变已经设好的接口服务URL，需要检查Web3是否已经可用。

```
if (typeof Web3 !== 'undefined') {
 Web3 = new Web3 (Web3.currentProvider) ;
} else {
 // set the provider you want from Web3.providers
Web3 = new Web3 (new Web3.providers.HttpProvider ("http://
localhost: 8545") ) ;
}
```

设好之后可使用Web3对象的API。

5.3.2 ▷ 智能合约编程

用户可以从一个“Hello World”程序开始智能合约的编程。Solidity在以太坊环境下没有直接的字符输出方法，比较简单的方法是使用一个日志事件在区块链中置入一个字符串。

```
contract HelloWorld {
        event Print (string out) ;
        function(){ Print ("Hello, World!") ; }
}
```

这个合约将在区块链上定义一个事件，并创建一个函数以“Hello，World!”为参数调用事件。

5.3.3 ▷ 合约编译

1. Solidity合约可以通过多种方法来完成编译

（1）在命令行使用solc编译器.

（2）在JavaScritp控制台使用由Geth或者eth提供的Web3.eth.compile。solidity（仍然需要安装solc编译器）。

（3）在线Solidity实时编译器。

（4）创建智能合约的Meteor dapp Cosmo。

（5）Mix集成开发环境。

（6）以太坊钱包Mist。

2. 在Geth中安装Solidity编译器

如果已经启动Geth节点，可以查看有哪些可用的编译器。

```
> Web3.eth.getCompilers();
["lll", "solidity", "serpent"]
```

这个命令将返回一个数组，列出当前可用的编译器名字。

注意 solc编译器一般与cpp-ethereum同时安装，当然也可以选择自定义安装。如果把solc执行文件放在一个非默认的安装位置，可通过-solc参数来为它指定源地址。

```
$ geth --solc /usr/local/bin/solc
```

也可以在JavaScript运行客户端设定这个参数。

```
> admin.setSolc ("/usr/local/bin/solc")
solc, the solidity compiler commandline interface
```

```
Version: 0.2.2-02bb315d/.-Darwin/appleclang/JIT linked to
libethereum-1.2.0-8007cef0/.-Darwin/appleclang/JIT
path: /usr/local/bin/solc
```

3. 编译成一个简单的合约

下面通过以下命令编译一个简单的合约。

```
> source = "contract test { function multiply (uint a) returns (uint d) {
return a * 7; } }"
```

这个合约提供一个乘法运算，通过一个正整数的参数a调用，返回a*7。

准备好在Geth的JS控制台使用eth.compile.solidity编译solidity代码。

```
> contract = eth.compile.solidity (source) .test
{
code: '605280600c6000396000f3006000357c01000000000000000
0000000000000000000000000000000000000000090048063c6888
fa114602e57005b60376004356041565b8060005260206000f35b60
0060078202905060 4d565b91905056',
  info: {
    language: 'Solidity',
    languageVersion: '0',
    compilerVersion: '0.9.13',
    abiDefinition: [{
      constant: false,
      inputs: [{
        name: 'a',
        type: 'uint256'
      } ],
```

```
        name: 'multiply',
        outputs: [{
          name: 'd',
          type: 'uint256'
        } ],
        type: 'function'
      } ],
      userDoc: {
        methods: {
        }
      },
      developerDoc: {
        methods: {
        }
      },
       source: 'contract test { function multiply (uint a) returns (uint d)
{ return a * 7; } }'
  }
}
```

编译器也可以通过RPC调用，因此，基于Web3.js在任何Dapp浏览器上可以通过RPC、IPC连接到Geth来使用编译器。

```
$ geth --datadir ~ /eth/ --loglevel 6 --logtostderr=true --rpc
--rpcport 8100 --rpccorsdomain '*' --mine console   2>> ~ /eth/eth.log
$ curl -X POST --data
'{"jsonrpc": "2.0", "method": "eth_compileSolidity", "params":
["contract test { function multiply (uint a) returns (uint d) { return a *
7; } }"], "id": 1}' http://127.0.0.1: 8100
```

编译器对源码的输出将给一个合约对象，每个合约对象代表一个合约。Eth.compile.solidity的实际返回值是一组合约与合约对象名的匹配表。由于合约名字是“test”，eth.compile.solidity (source) .test将给出包括下列域的test合约的合约对象。

```
code
        已编译的以太坊虚拟机字节码
info
        从编译器的附加metadata输出
        source
        源码
          language
        合约语言 (Solidity, Serpent, LLL)
          languageVersion
        合约语言版本
          compilerVersion
        用于编译合约的Solidity编译版本
          abiDefinition
        应用二进制接口定义
          userDoc
        用户文档
          developerDoc
        开发者文档
```

编译器输出（Code和Info两部分）的结构反映了两类不同的应用途径。已编译的以太坊虚拟机字节码将通过合约创建交易，而被上载到区块链上，其余的Info部分将实际存放在去中心化云中，作为公开验证的元数据为区块链代码补充。

如果合约源代码包括多个合约，则编译输出将为每个合约提供一个入口，对应的合约信息对象可以通过作为属性名字的合约名进行检索。可以用以下方法查看当前的GlobalRegistrar码。

```
contracts = eth.compile.solidity (globalRegistrarSrc)
```

5.3.4 ▷ 合约创建与应用

在开始本节内容学习之前，假设已有一个处于非锁定状态的账户以及一定量的“虚拟币”。

现在可以通过使用前述章节中所创建的字节码作为数据，向一个空的地址发送一个交易，在区块链上创建一个合约。

注意 **这个使用在线Solidity实时编译器或Mix集成开发环境可以很容易完成。**

```
var primaryAddress = eth.accounts[0]
var abi = [{ constant: false, inputs: { name: 'a', type: 'uint256' } }]
var MyContract = eth.contract (abi)
var contract = MyContract.new (arg1, arg2, ..., {from:
primaryAddress, data: evmByteCodeFromPreviousSection})
```

所有的二进制数据被序列化为十六进制格式。十六进制文件由一个前缀“0x”开头。

注意 **arg1，arg2，…是合约构造函数的输入变量。如果合约不需要接收任何构造参数，则这些变量可以省略。这里要重点指出的是，这一步需要为执行消耗燃料。一旦交易被放入一个区块，账户（在发送者的from域中所填写的账户）上的余额将根据以太坊虚拟机的燃料规则而减少。过一些时间后，交易将被放**

入一个已经达成共识的一个区块中，并被存放在区块链上。

采用异步方法实现合约部署如下。

```
MyContract.new ([arg1, arg2, ..., ]{from: primaryAccount, data:
evmCode}, function (err, contract) {
if (!err && contract.address)
  console.log (contract.address) ;
}) ;
```

5.3.5 ▷ 与智能合约交互

与合约交互通常使用一个抽象层，如使用eth.contract()函数。通过使用eth.contract()函数，将返回一个JavaScript对象，合约的所有函数均可像JavaScript中的函数一样调用。

描述一个合约的可用函数的标准方法是ABI定义。这个对象是一个数组，用于描述所有的调用签名，并为每个可用合约函数返回一个值。

```
var Multiply7 = eth.contract (contract.info.abiDefinition) ;
var myMultiply7 = Multiply7.at (address) ;
```

所有定义在ABI中的函数都可以通过合约实例被调用。可通过两种方法中的任意一种调用合约实例中的这些函数。

```
> myMultiply7.multiply.sendTransaction (3, {from: address})
"0x12345"
> myMultiply7.multiply.call (3)
21
```

当使用sendTransaction调用函数时，函数调用将发送一个交易，并调用函数执行。发送将消耗一些燃料，而调用将永远被记录在区块链上。以这种方式调用的函数返回值将是一个散列交易。

当使用call函数调用时，函数将在本地以太坊虚拟机中执行，函数返回值通过函数返回。这种函数调用方式将不会在区块链中记录，不会修改合约的内部状态。这种函数调用方式被称为常量函数调用，以这种方式调用函数不需要消耗燃料。

如果仅需要返回值则可以使用call调用，如果需要对合约状态进行修改则需要使用sendTracsation方式调用。

5.3.6 ▷ 合约元数据

前面章节已说明了如何在区块链上创建一个合约。现在，处理编译输出的其余部分：合约元数据或者合约信息。

当使用一个并非自己创建的合约时，可能希望找到其文档或其源码来查看。以太坊鼓励合约作者创建这些信息，并在区块链中注册，或通过第三方服务如EtherChain注册。admin API接口已非常方便地提供了检索这些已注册元数据合约的集中方法。

```
var info = admin.getContractInfo (address) // lookup, fetch, decode
var source = info.source;
var abiDef = info.abiDefinition
```

合约信息可被检索的潜在机制有以下两点。

（1）合约信息被上载到以URL标识的某处，其URL可通过开放途径接入。

（2）一旦知道合约地址，任何人都可以找到URL。

这些需求可通过区块链注册来实现。第一步，注册使用合约函数hashreg，在产生的散列数据内容中用合约散列码注册。第二步，用urlhint合约中的内容散列注册一个URL。这些注册合约（registry contracts）是Frontier版本的一部分，目前已在Homestead网络中运行。

通过使用这个机制，只需知道合约地址就可以检索其URL地址和实际的合约元数据。

因此，作为合约创建者，可以按如下步骤操作。

（1）部署合约到区块链。

（2）获得合约信息JSON文件。

（3）部署合约信息JSON文件到用户选择的任何URL。

（4）注册codehash->conteng hash->url。

通过JS API帮助文档完成上述过程非常容易。调用admin.register从合约中提取信息，在指定文件中写入JSON系列，计算文件的内容散列（conten hash），然后注册这个内容散列到合约的代码散列（code hash）。一旦用户部署这个文件到任何URL，用户就可以用admin.registerURL在区块链上来注册URL和内容散列。

```
source = "contract test { function multiply (uint a) returns (uint d) {
return a * 7; } }"
contract = eth.compile.solidity (source) .test
var MyContract = eth.contract (contract.info.abiDefinition)
contenthash = admin.saveInfo (contract.info, "~/dapps/shared/
contracts/test/info.json")
MyContract.new ({from: primaryAccount, data: contract.code},
function (error, contract) {
if (!error && contract.address) {
code hash in 'HashReg'
admin.register (primaryAccount, contract.address, contenthash)
~/dapps/shared/contracts/test/info.json to a url
admin.registerUrl (primaryAccount, hash, url)
}
});
```

5.3.7 ▷ 测试合约和交易

用户可能经常需要进行合约和交易的测试、调试工作。本节介绍一些可能会用到的测试工具和操作方法。在没有实际数据序列的情况下为了测试合约和交易，建议在私有链的环境下测试。通过配置一个可选的网络标识（选取一个唯一的数字）并且禁用peer节点，可以创建一个私有链。同时建议在使用私有链时设置自定义数据文件目录和端口，这样以避免与运行在公有链中的节点相冲突（公有链节点一般使用默认配置）。建议用带分析和高级日志冗余的VM调试模式启动Geth。

```
geth --datadir~/dapps/testing/00/ --port 30310 --rpcport 8110
--networkid 4567890 --nodiscover --maxpeers 0 --vmdebug
--verbosity 6 --pprof --pprofport 6110 console 2>> ~/dapp/
testint/00/00.log
```

在能提交任何交易之前，需要启动私有测试链。

```
personal.newAccount();
primary = eth.accounts[0];
balance = Web3.fromWei (eth.getBalance (primary) , "ether") ;
primary = eth.accounts[0];
miner.start (4) ;
admin.sleepBlocks (10) ;
miner.stop();
balance = Web3.fromWei (eth.getBalance (primary) , "ether") ;
```

创建了交易后，可以用下列命令行强制处理这些交易。

```
miner.start (1) ;
admin.sleepBlocks (1) ;
miner.stop();
```

可以用下列命令行检查用户待完成的交易。

```
txpool.status
eth.getBlockTransactionCount ("pending") ;
eth.getBlock ("pending", true) .transactions
```

如果已提交了一个合约创建交易，并且合约代码已实际插入现在区块链中，可以用以下命令来查看。

```
txhash = eth.sendTansaction ({from: primary, data: code})
contractaddress = eth.getTransactionReceipt (txhash) ;
eth.getCode (contractaddress)
```

思考题

❶ 使用Truffle框架创建一个简单的智能合约应用，并根据你的实际情况对这个智能合约应用进行适当修改。

❷ 编写一个计算圆周长与圆面积的智能合约，建立一个Geth客户端的私有网络，部署该合约，并用你熟悉的应用开发环境编写一个应用调用该智能合约进行圆周长与圆面积的计算。

6 CHAPTER

智能合约"虚拟币"创建

从本章开始到第8章将介绍以太坊非常经典的3类合约，这3类合约的源码及介绍在相关网站都可以找到。作者已用这些源码逐一试验测试过，都能部署成功，但部分合约代码在使用时需要注意合约引用关系。

在合约的部署与调用上仍然基于以太坊钱包Mist，一是因为Mist本身的功能强大，二是因为方便直观。开发人员可直接通过Mist观察以太坊网络的相关状态、合约创建过程与合约的相关函数接口，这对促进理解以太坊本身工作机理及学习这三类典型合约非常有帮助。这些通过Mist部署的智能合约，开发人员可在基于Java、JavaScript、C++等创建的应用程序中，按照第4章所介绍的接口方法直接调用。

以太坊所提供的这三类智能合约非常典型，若能正确地掌握这3类合约，就可以在诸多应用场景中充分发挥区块链的价值，若能在此基础上结合应用做进一步的扩展，就可能在各个领域孵化出一些高价值的创新项目。

本章所要介绍的智能合约案例基于智能合约的“虚拟币”。“虚拟币”在我国不具有法定货币的地位，但在以太坊应用项目中作为通证，可以用来表示实体资产或数字资产。

6.1 智能合约“虚拟币”

“虚拟币”是区块链1.0的主要应用，此案例是基于以太坊基础平台，自己创建一种个性化的“虚拟币”，这种“虚拟币”相对以太坊网络本身所提供的基础“虚拟币”——以太币具有更大的灵活性，可以基于该“虚拟币”创造很多具有个性化的应用。

在以太坊网络中“虚拟币”可以用来代表一些其他物品：忠诚积分、游戏道具等各类数字资产。由于所有的“虚拟币”均经过标准化方法来实现，这就意味着用以太坊所创建的“虚拟币”可以立即与以太坊钱包兼容，并可供其他任何客户端、智能合约使用。

6.1.1 ▷ “虚拟币”代码

如下是基于以太坊智能合约的“虚拟币”源码，用户可以在以太坊相关网站的以太坊“虚拟币”项目中找到这部分代码，这里主要对源码的注释进行了中文说明。

```
pragma solidity ^0.4.8;
contract tokenRecipient { function receiveApproval (address _from,
uint256 _value, address _token, bytes _extraData) ; }
contract MyToken {
    /* “虚拟币”公共变量定义*/
    string public standard = 'Token 0.1';
    string public name;
    string public symbol;
    uint8 public decimals;
    uint256 public totalSupply;
    /* 创建账户数组*/
    mapping (address => uint256) public balanceOf;
    mapping (address => mapping (address => uint256) ) public
allowance;
    /* 事件函数用于提示用户相关公共事件发生*/
    event Transfer (address indexed from, address indexed to,
uint256 value) ;
    /* 提示客户端所消耗数量*/
    event Burn (address indexed from, uint256 value) ;
```

```
/* 在构造函数中用初始化参数初始化合约*/
function MyToken (
        uint256 initialSupply,
        string tokenName,
        uint8 decimalUnits,
        string tokenSymbol
        ) {
        balanceOf[msg.sender] = initialSupply;
        // 把“虚拟币”初始发行量赋予创建者账户
        totalSupply = initialSupply;        //设置“虚拟币”发行总量
        name = tokenName;                   //定义“虚拟币”名称
        symbol = tokenSymbol;               //定义“虚拟币”符号
        decimals = decimalUnits;            //设置“虚拟币”精度位数
}
/* 发送“虚拟币”*/
function transfer (address _to, uint256 _value) {
        if (_to == 0x0) throw;
        //防止转账给0x0地址, 可以使用burn()函数代替
if (balanceOf[msg.sender] < _value) throw;
// 检查发送者账户中余额是否充足
if (balanceOf[_to] + _value < balanceOf[_to]) throw;
// 检查是否溢出
balanceOf[msg.sender] -= _value;
// 从发送者账户中减去发送额
balanceOf[_to] += _value;    // 在接受者账户中加上发送额
Transfer (msg.sender, _to, _value) ;
```

```
    // 用事件函数提示发送操作已经发生
}*
/* 定义其他合约以用户的名义可以使用“虚拟币”的数量*/
function approve (address _spender, uint256 _value)
    returns (bool success) {
    allowance[msg.sender][_spender] = _value;
    return true;
}
/* 同意合约使用“虚拟币”函数调用*/
     function approveAndCall (address _spender, uint256 _value,
bytes _extraData)
    returns (bool success) {
    tokenRecipient spender = tokenRecipient (_spender) ;
    if (approve (_spender, _value) ) {
        spender.receiveApproval (msg.sender, _value, this, _
extraData) ;
        return true;
    }
}
/* 向已定义允许获得“虚拟币”的合约转账*/
function transferFrom (address _from, address _to, uint256 _value)
returns (bool success) {
    if (_to == 0x0) throw;    // 防止向0x0转账，可用burn()代替
    if (balanceOf[_from] < _value) throw;
    // 检查发送者账户中余额是否充足
    if (balanceOf[_to] + _value < balanceOf[_to]) throw;
```

```
    // 检查是否溢出
    if (_value > allowance[_from][msg.sender]) throw;
    // 检查是否超出允许名单中所设定的限额
    balanceOf[_from] -= _value;            //从发送者账户中减去发
                                            送额
    balanceOf[_to] += _value;              //在接收者账户中加上发
                                            送额
    allowance[_from][msg.sender] -= _value;
    Transfer (_from, _to, _value) ;
    return true;
}
function burn (uint256 _value) returns (bool success) {
    if (balanceOf[msg.sender] < _value) throw;
    // 检查发送者账户中余额是否充足
    balanceOf[msg.sender] -= _value;
    // 从发送者账户中减去消耗数额
    totalSupply -= _value;    // 从总供应量中减去消耗额
    Burn (msg.sender, _value) ;
    return true;
}
function burnFrom (address _from, uint256 _value) returns (bool
success) {
    if (balanceOf[_from] < _value) throw;
    // 检查发送者账户中余额是否充足
    if (_value > allowance[_from][msg.sender]) throw;
```

```
    // 检查是否大于允许额
    balanceOf[_from] -= _value;    // 从发送者账户中减去消耗值
    totalSupply -= _value;    // 从总供应量中减去消耗值
    Burn (_from, _value) ;
    return true;
  }
}
```

6.1.2 ▷ 简化“虚拟币”源码

6.1.1节中的“虚拟币”智能合约代码相对复杂，下面是更为简单的“虚拟币”智能合约代码，该“虚拟币”代码仅包括一个简单的转账功能。

```
contract MyToken {
    /* 创建账户数组*/
    mapping (address => uint256) public balanceOf;
    /* 用合约构造函数初始化合约*/
    function MyToken (
        uint256 initialSupply
        ) {
        balanceOf[msg.sender] = initialSupply;
        // 赋给创建者初始“虚拟币”供应量
    }
    /* 发送“虚拟币” */
    function transfer (address _to, uint256 _value) {
        if (balanceOf[msg.sender] < _value) throw;
        // 检查发送者账户中余额是否充足
```

```
        if (balanceOf[_to] + _value < balanceOf[_to]) throw;
        // 检查是否溢出
        balanceOf[msg.sender] -= _value;
        // 从发送者账户中减去发送额
        balanceOf[_to] += _value;    // 在接收者账户中增加发送额
    }
}
```

6.2 “虚拟币”源码分析

下面对“虚拟币”源码关键部分进行逐一分析。

6.2.1 ▷ 关键代码解析

打开以太坊钱包Mist，单击“合约”按钮，然后单击“部署新合约”，如图6.1所示。

在Solidity合约源码文本框内，输入如下代码。

```
contract MyToken {
    mapping (address => uint256) public balanceOf;
}
```

“mapping”定义一个关联数组，通过这个定义把用户账户地址与账户余额关联。以太坊账户地址采用标准的以太坊十六进制格式，而账户余额则为数字类型，其范围从0到115Quattuovigintillion（这是为便于应用而设置的一个足够大的数量单位）。由“public”关键字所定义的变量可由区块链中的任何人访问，这里定义为public，意味着所有账户信息都是公开的，如图6.2所示。

图 6.1　合约部署

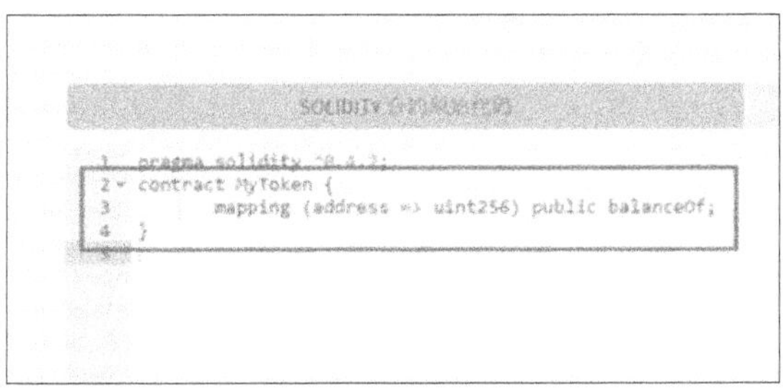

图 6.2　钱包合约部署界面

如果立即发布上述合约，这个合约可以运行，但却没有任何用处，因为通过这个合约可以查询“虚拟币”所有地址的账户信息，但每个账户余额的返回结果均将是0，因此，用户需要在最开始时为创建账户赋给一定量的“虚拟币”。

```
function MyToken(){
    balanceOf[msg.sender] = 21000000;
}
```

构造函数My Token与智能合约My Token同名，这是构造函数的基本使用规则。构造函数仅在智能合约首次加载时运行一次，这个函数将用来设置创建账户的初始币量，这里用户部署这个合约的初始币量设为

21 000 000。

21 000 000这个数字是任意设置的，可以在代码中把这个值修改为任意值，也可以把这个初始账户值设为一个参数变量，如下所示。

```
function MyToken (uint256 initialSupply) {
    balanceOf[msg.sender] = initialSupply;
}
```

如图6.3所示，在以太坊钱包合约右列的下拉菜单中，选择“MY Token”合约，可以看到下面显示有构造参数，通过参数变量可灵活修改初始币量的设置，这对代码在多种场景下的灵活应用很有帮助。

智能合约当前已经具备了一定功能并赋给了一定数量的初始币量，但因为没有任何功能可对账户上的“虚拟币”进行操作，因此，接下来实现“虚拟币”的“转账”，在后约代码的最后部分加下下列代码，以实现虚拟币的“转账”功能。

```
function transfer (address _to, uint256 _value) {
    balanceOf[msg.sender] -= _value;
    balanceOf[_to] += _value;
}
```

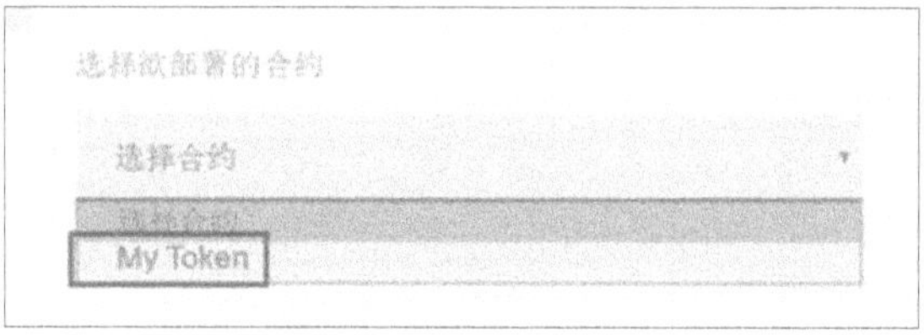

图 6.3　合约部署构建函数选择

这个函数功能很容易理解：一个接收者账户地址和一个转账值，调用该函数将从转账者自己的账户中减去_value数量的“虚拟币”值，同时加到接收者账户的账户余额上。现在存在的问题是：如果转账者转出超过其账户余额数量的“虚拟币”怎么办？ 在智能合约中暂不考虑账户赤字功能，因此，这里会检查转账者是否具有足够的“虚拟币”量，如果没有，则终止智能合约的转账操作。同时，此处还检查计算溢出，以避免数字太大而使结果变为0。

合约执行中若需要停止合约的执行，可用“return”或“throw”。使用“return”所消耗的燃料相对较少，但该命令将使已执行的合约代码对合约状态的任何改变数据都保存下来。使用“throw”则会终止当前合约的执行，并且将当前合约所执行的状态修改回合约执行前的状态，但是合约执行者为执行该合约消耗的所有燃料将丢失。不过，由于以太坊钱包能够检测到将执行“throw”的合约并提前提示，因此，可以避免不必要的燃料消耗。

```
function transfer (address _to, uint256 _value) {
            if (balanceOf[msg.sender] < _value || balanceOf[_to] + _
value < balanceOf[_to])
            throw;
    balanceOf[msg.sender] -= _value;
    balanceOf[_to] += _value;
}
```

现在还缺少一些有关合约的基本信息，这些信息可以在“虚拟币”注册时处理，当前把这些信息直接加到合约中去。

```
string public name;
string public symbol;
uint8 public decimals;
```

把构建函数再改造一下，这些全局变量在合约首次加载时设置初始值。

```
function MyToken (uint256 initialSupply, string tokenName, uint8
decimalUnits, string tokenSymbol) {
```

```
balanceOf[msg.sender] = initialSupply;
name = tokenName;
symbol = tokenSymbol;
decimals = decimalUnits;
}
```

最后，需要调用事件函数“Events”。事件函数是一种特殊的空函数，通过调用它可以让如以太坊钱包这样的客户端跟踪合约当前所进行活动的相关状态。事件由一个大写字母开头，并在合约开始部分进行提前声明。

```
event Transfer (address indexed from, address indexed to, uint256 value) ;
```

然后，只需要在“Transfer”函数代码中调用该事件函数即可。

```
Transfer (msg.sender, _to, _value) ;
```

现在“虚拟币”的代码就已经完成了，选择“My Token”合约部署，设置初始值2 000 000，如图6.4所示。

图 6.4　合约部署构建函数选择

6.2.2 ▷ “虚拟币”合约部署

打开以太坊钱包，在合约栏单击“部署新合约”。

把6.1.1节中的“虚拟币”源码复制并粘贴到“Solidity合约原始代

码”编辑框中。编译代码如果没有任何错误，可以在右边的合约选择中看到相关的合约名字。选择“My Token”合约，在右列可以看到该合约需要设置的所有初始参数。这些参数可以任意设置，不过为方便演示起见，建议设置为如下参数值：“Initial supply”设为“100 000”，“Token symbol”设为“#”，“Decimal units”设为“2”，“Token name”自定义为“gang”。设定结果如图6.5所示。

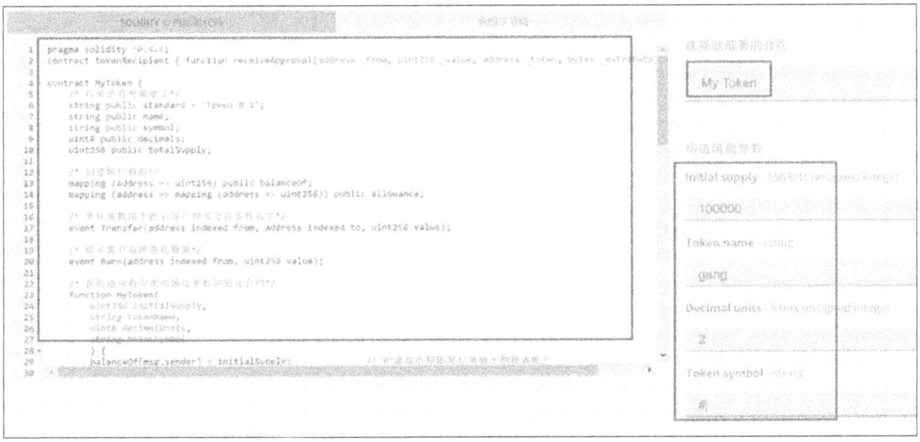

图 6.5　合约构造参数设置

下拉滑动条到源码文件的最后，可以得到合约计算成本的估计值，这里可以设置愿意为合约计算消耗的燃料。没有消耗的燃料以“虚拟币”的形式退回用户的账户，这里可以保留默认设置。单击“部署”按钮，输入用户的账户和密码，然后等待所发出的交易被网络确认，等待合约创建界面如图6.6所示。

页面将跳转到前端页面，用户可以看到交易正在等待确认。单击“Etherbase”账户（主账户），可以看到用户100%拥有所创建的“虚拟币”。发送一些“虚拟币”给用户的朋友，选择“发送”，然后选择所希望发送的“虚拟币”类型，把想要发送朋友的账户地址复制到“Address”框中，单击“SEND TRANSACTION”按钮，如图6.7所示。

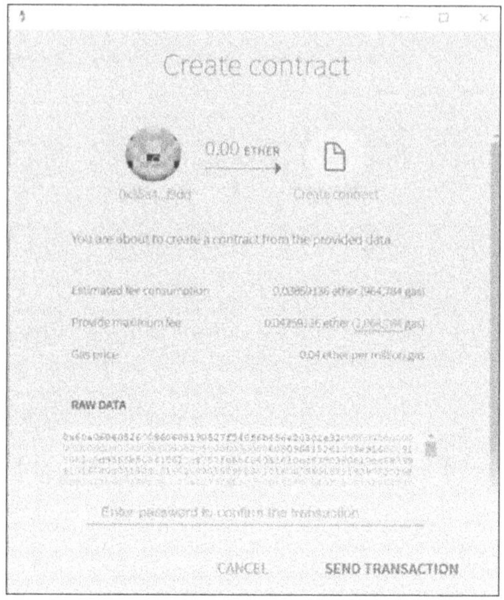

图 6.6　合约创建界面

图 6.7　使用合约发送“虚拟币”

现在所发送给朋友的“虚拟币”并不能马上在他们的以太坊钱包中看到，这是因为以太坊钱包仅能跟踪它所知道的“虚拟币”，因此，必须手动在以太坊钱包中设置所创建的“虚拟币”信息。在合约栏可以看到一个新创建合约的链接，单击链接跳转到该页面，在该页面复制地址，然后粘贴到一个文本编辑器中。

在合约页面中，单击“新增观察合约”，在弹出框中复制合约地址，“虚拟币”名字、符号和进制数都将自动显示出来。这样设置后，用户就可以查看其拥有“虚拟币”的所有账户信息，并且可以将“虚拟币”发送给基于该以太坊网络项目中的任何人，如图6.8所示。

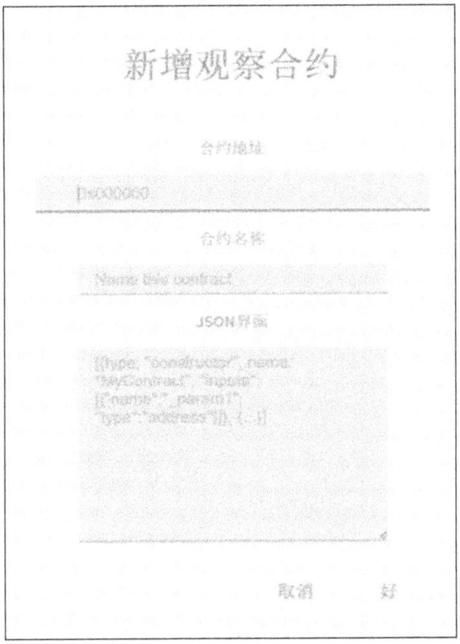

图 6.8　加入观察合约

6.3　“虚拟币”优化

采用上述方法，用户已经可以获得一种加密“虚拟币”，如果对这个“虚拟币”根据自身应用特点进一步改进提升，其价值将会更大。接下来，就对前述“虚拟币”作进一步改进以更符合实际应用需求。

6.3.1 ▷ 中心化管理员

所有分布式应用在默认情况下均是完全去中心化的，但这并不意味着这些应用不能拥有一些中心化管理者。可能用户希望能够通过挖矿产生更多的“虚拟币”，或者需要禁止部分人使用自己的“虚拟币”，这些功能均可以添加到个性化的“虚拟币”中。这些功能需要在“虚拟币”创建时设置好，这样以方便创建者的“虚拟币”用户在他们决定持有前就能充分知晓用户的“虚拟币”使用规则。

要创建这些功能，“虚拟币”需要拥有一个中心化的控制者。这个中心化控制者可以是一个简单的账户，也可以是一个智能合约。在个性化的“虚拟币”系统中，如何产生更多“虚拟币”，其机制取决于用户在智能合约中的约定是以民主组织的形式通过投票来表决，还是在合约中要限制“虚拟币”拥有者的权利。

实现上述功能需要应用智能合约的继承属性，继承可让合约在无须重新定义的情况下自动获取父合约的相关属性。这样编码将更为简洁和方便。把下列代码加入合约“MyToken”之前代码的首行，效果如图6.9所示。

```
contract owned {
    address public owner;
    function owned(){
        owner = msg.sender;
    }
    modifier onlyOwner {
        if (msg.sender != owner) throw;
        _;
    }
    function transferOwnership (address newOwner) onlyOwner {
```

```
        owner = newOwner;
    }
}
```

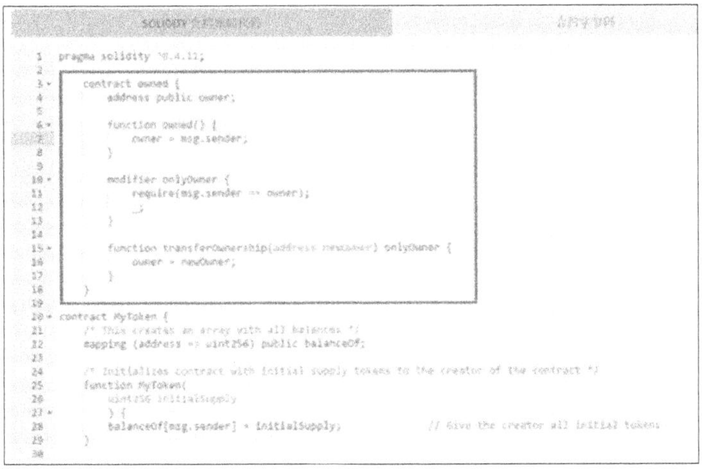

图 6.9　加入 contract owned 合约代码

这里创建了一个除了标识合约所有者“owned”功能外没有任何其他功能的智能合约。下一步仅需要在用户的合约中，在“MyToken”后加入“is owned”文本，效果如图6.10所示。

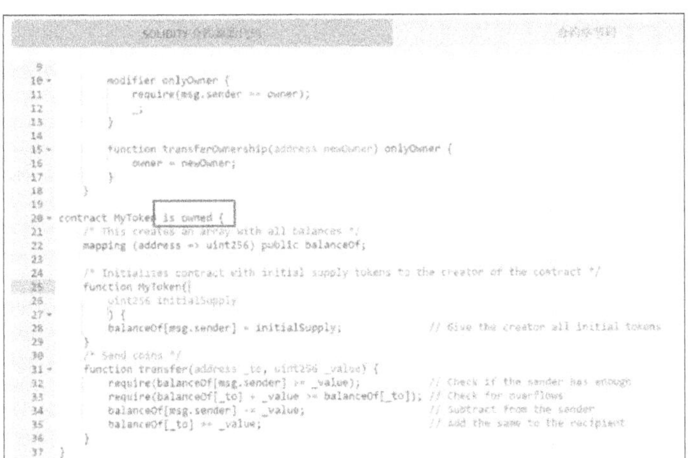

图 6.10　将 MyToken 合约标识为 owned

```
contract MyToken is owned {
    /*其余代码与前面一样*/
```

加入这段代码意味着在MyToken内部的所有变量仅能由合约拥有者操作和修改，合约还可以定义一个功能进行所有权转移。一般都希望在合约启用时定义好所有者，因此，可以把以下代码加入构造函数。

```
function MyToken (
    uint256 initialSupply,
    string tokenName,
    uint8 decimalUnits,
    string tokenSymbol,
    address centralMinter
    ) {
    if (centralMinter != 0) owner = centralMinter;
```

6.3.2 ▷ 中心造币者

若用户希望控制所创建“虚拟币”的总体数量，则需要使用智能合约来建立一个“虚拟币”初始发行及增发机制。

首先需要添加一个变量来存储“虚拟币”总供给量，然后在构造函数中为它分配初始值。

```
contract MyToken {
    uint256 public totalSupply;
    function MyToken (...) {
        totalSupply = initialSupply;
        ...
    }
    ...
}
```

现在加入一个新的函数，这个函数可用于合约所有者创建新的“虚拟币”。

```
function mintToken (address target, uint256 mintedAmount) onlyOwner {
    balanceOf[target] += mintedAmount;
    totalSupply += mintedAmount;
    Transfer (0, owner, mintedAmount) ;
    Transfer (owner, target, mintedAmount) ;
}
```

函数名末尾的修饰名为onlyOwner，这意味着这个函数将从前面已定义的onlyOwner中继承相应的代码，所继承的代码将插入到所修饰的函数中。使用onlyOwner修饰的函数，其功能只能由创造该“虚拟币”智能合约的所有者调用。把上述代码加入一个具有所有者修饰的智能合约中，将允许“虚拟币”智能合约所有者创造更多的“虚拟币”。

在不同的应用场景下，可能需要一些监管规则以明确“虚拟币”的使用者。在这种情况下，需要加入一些参数使合约所有者可以冻结或解冻资产。

在合约的任何位置加入下述变量和函数。这段代码可放在合约中的任何位置，不过从养成良好代码习惯的角度，建议把mapping定义与其他mapping相关定义放在一处，把events定义与其他events相关定义放在一处。

```
mapping (address => bool) public frozenAccount;
event FrozenFunds (address target, bool frozen) ;
function freezeAccount (address target, bool freeze) onlyOwner {
    frozenAccount[target] = freeze;
    FrozenFunds (target, freeze) ;
}
```

上述代码，所有账户在默认状态下是非冻结状态，合约管理方可以通过调用freezeAccount函数把其中任何账户设置为冻结状态。但是，如果对转账函数不做修改，冻结账户将没有任何意义。

```
function transfer (address _to, uint256 _value) {
if (frozenAccount[msg.sender]) throw;
```

现在，账户如果处于冻结状态，其账户余额不受任何影响，但是不能进行转账操作。

还可以通过逐一验证并手动加入白名单的方式，允许相应账户具有操作权。把frozenAccount函数改为approveAccount函数，同时把最后一行改为以下命令。

```
if (!approvedAccount[msg.sender]) throw;
```

6.3.3 ▷ 自动化买卖交易

用户可以在以太坊网络中创建自己的“虚拟币”，并且可以通过用户自身的信用和“虚拟币”本身的效用来为用户的“虚拟币”设定“虚拟价格”。在以太坊网络的应用项目中，如果其他用户愿意，也可以基于自己“虚拟币”的“虚拟价格”和其他不同类的“虚拟币”进行交换。

首先，设置“虚拟价格”。

```
uint256 public sellPrice;
uint256 public buyPrice;
function setPrices (uint256 newSellPrice, uint256 newBuyPrice)
onlyOwner {
    sellPrice = newSellPrice;
    buyPrice = newBuyPrice;
}
```

如果用户创建的“虚拟币”能够长期保持稳定，上述代码是可行的。但一旦“虚拟价格”发生变化就需要执行一次合约代码，并消耗一些燃料。可以采用“虚拟价格”浮动的方法来改进这个问题，建议研究一下standard data feeds方法。

下一步定义交换函数。

```
function buy()payable returns (uint amount) {
    amount = msg.value / buyPrice;
    // 计算数量
    if (balanceOf[this] < amount) throw;
    // 检查是否有足够的余额供发出
    balanceOf[msg.sender] += amount;
    // 在发送者账户中加入获取数额
    balanceOf[this] -= amount;
    // 从指定账户中减去相应数量“虚拟币”
    Transfer (this, msg.sender, amount) ;
    // 执行反映变化的事件
    return amount;
    // 返回函数值
}
function sell (uint amount) returns (uint revenue) {
    if (balanceOf[msg.sender] < amount) throw;
    // 检查发送者账户中是否有足够余额
    balanceOf[this] += amount;
    // 在指定账户中减去发出量
    balanceOf[msg.sender] -= amount;
    // 在发送者账户中加上发出量
    revenue = amount * sellPrice;
    if (!msg.sender.send (revenue) ) {
```

```
        //向发送者转账
        throw;
        // 执行本句防止循环攻击
        } else {
        Transfer (msg.sender, this, amount) ;
        // 执行反映变化的事件
        return revenue;
        // 结束函数并返回值
        }
}
```

在以太坊网络中，这段代码不会创建新的“虚拟币”，但将影响合约所有者的账户余额。合约所有者可同时持有自己的“虚拟币”和以太币，并可以创建新的“虚拟币”，但不能创造以太币。

“虚拟价格”设置的单位不是“ether”而是“wei”，“wei”是以太坊网络中的最小“虚拟币”单位（$1ether=10^{18}$ wei）。这点在单位换算时要注意。

在以太坊的应用项目当中，创建智能合约后，即使创建了自己的“虚拟币”，若要与基于以太坊公有网络的项目对接，是需要配备以太币的。本案例描述了仅存在两名用户的情况，比较复杂的合约可以允许使用不同的“虚拟币”，还可以在不同以太坊项目之间互相使用不同的“虚拟币”。

6.3.4 ▷ 自动获取

在以太坊公有网络中，每次产生一个交易均需要为计算用户智能合约的矿工发送以太币（尽管这个规则以后可能调整，但就目前而言，仅能发送以太币）。当一个账户所拥有的以太币数量小于将要发送的数量时，这个账户将无法执行交易，直到账户所有者获取足够的以太币。在某些情况下，私有网络的创建者可能不希望用户在对接以太坊公有网络时去思考以太坊、区块链以及如何去获得以太币这些事情，可行的方法就是一旦检查到的用户账户的以太币持有量小于额定数，用户账户可以自动获取。

要实现上述功能，首先要创建一个变量来存储阈值，另外创建一个函数来修改它。如果用户不知道这个值设多少，可以设定它为5finney（0.005ether）。

```
uint minBalanceForAccounts;
function setMinBalance (uint minimumBalanceInFinney) onlyOwner
{
    minBalanceForAccounts = minimumBalanceInFinney * 1 finney;
}
```

然后，把下列代码加入转账函数，以便转账者自动获取。

```
function transfer (address _to, uint256 _value) {
    ...
    if (msg.sender.balance<minBalanceForAccounts)
    sell ( (minBalanceForAccounts-msg.sender.balance) /sellPrice) ;
}
```

用户也可以用下列代码来替换，以便转账接收者进行补充。

```
function transfer (address _to, uint256 _value) {
    ...
    if (_to.balance<minBalanceForAccounts)
_to.send (sell ( (minBalanceForAccounts-_to.balance) /sellPrice) ) ;
}
```

这样将确保所有账户进行转账时，其账户余额均不少于需要发送的数量。

此处仅从技术角度对以太坊私有网络上的自建项目进行说明。这里再次申明：在我国，比特币或以太币等“虚拟币”均不具有法定货币的地位，必须在我国现行法规政策允许的范围内进行相关以太坊项目的实施。

6.3.5 ▷ 工作量证明

目前有一些方法可以把“虚拟币”的供应与数学公式相结合，其中比较简单的方法是与“虚拟币”合并挖矿，即任何人在以太坊中发现一个区块，通过调用用户的“虚拟币”奖励函数，可以在用户的“虚拟币”系统中获得奖励。采用本方法的用户可以使用关键字“coinbase”，该关键字指向当前发现区块的矿工。

```
function giveBlockReward(){
    balanceOf[block.coinbase] += 1;
}
```

用户也可以在合约代码加入一个数学公式，这样任何能做数学运算的都可以获得奖励。在下面例子中，通过计算当前挑战题目可以获得奖励并有权设置下一个题目。

```
uint currentChallenge = 1; //计算该数的立方根
function rewardMathGeniuses (uint answerToCurrentReward, uint
nextChallenge) {
    if (answerToCurrentReward**3 != currentChallenge) throw;
    //如回答错误则继续
    balanceOf[msg.sender] += 1;
    // 奖励参与者
    currentChallenge = nextChallenge;
    // 设置下一个问题
}
```

当然，使用大脑计算立方根，对很多人来说这样的题目是比较困难的，但若采用计算机来计算，这样的题目又太简单，因此，这种游戏规则将很容易被计算机打破。同时，由于最后的胜利者有权选择下一次挑战题目，他们有可能选择对他们有利的题目，这种规则就显得不太公平。有一些任务对人而言很容易，对计算机却非常困难，而且这些问题通常难以使用简单的描述语言来编码。因此，对计算来说，一个更有效的系统是非常困难的，但对计算验证却很容易。目前，常用的候选方案是采用散列计算，该方案对挑战者而言必须从很多数据中计算散列值，直到找到一个比设定计算难度低的值。

这个算法于1997年由爱德蒙·释克（Adam Back）作为散列币提出，2008年由“中本聪”通过“虚拟币”的POW共识机制进行了具体实现。以太坊使用这套算法机制作为网络的安全模型，不过目前正计划把基于POW的安全模型转到基于权益和投票的混合型验证系统Casper中。

如果用户倾向把散列计算作为一种“虚拟币”随机发行机制，用户仍然可以创建自己的基于POW的以太坊“虚拟币”。

```
bytes32 public currentChallenge;
//由一个计算难题开始获取“虚拟币”
uint public timeOfLastProof;
// 跟踪奖励的变量
uint public difficulty = 10**32;
// 以较低难度开始
function proofOfWork (uint nonce) {
bytes8 n = bytes8 (sha3 (nonce, currentChallenge) ) ;
// 基于输入数据产生一个随机散列数
if (n < bytes8 (difficulty) ) throw;
// 检查是否在所设置难度下
uint timeSinceLastProof = (now - timeOfLastProof) ;
```

```
// 计算自上次奖励后所经历的时间
if (timeSinceLastProof <    5 seconds) throw;
// 保持奖励不要产出太快
balanceOf[msg.sender] += timeSinceLastProof / 60 seconds;
// 获奖者的奖励按分增加
difficulty = difficulty * 10 minutes / timeSinceLastProof + 1;
// 调整难度值
timeOfLastProof = now;
//重置计数器
currentChallenge = sha3 (nonce, currentChallenge, block.blockhash
(block.number-1) ) ;
// 保存用于下次计算的散列值
}
```

也可以加入下列命令来修改构造函数（这个函数名与合约名相同，并在首次加载时调用），以便可以调整计算难度。

```
timeOfLastProof = now;
```

一旦合约上线，选择函数“Proof of work”，在“nonce”域填入一个数字然后执行合约。如果确认窗口弹出红色警告“数据不能执行”，返回重新设置一个数字，直到找到一个数字使交易能够进行，这个过程是随机的。从最后一次奖励给出后，在过去的每一分钟如果用户能找到一个可执行的数字，用户将获得一个“虚拟币”的奖励，直到挑战难度调整到平均每10分钟获得一个奖励。

不断尝试去找到这个可执行的数字并获得奖励的过程称为挖矿。如果难度提高，则找到此数字就比较困难，但是去验证已找到的数字却是非常容易的。

6.3.6 ▷ 改进“虚拟币”全部源码

下列为加入上述改进项后形成的全部代码。

```
pragma solidity ^0.4.2;
contract owned {
    address public owner;
    function owned(){
        owner = msg.sender;
    }
    modifier onlyOwner {
        if (msg.sender != owner) throw;
        _;
    }
    function transferOwnership (address newOwner) onlyOwner {
        owner = newOwner;
    }
}
contract tokenRecipient { function receiveApproval (address _from,
uint256 _value, address _token, bytes _extraData) ; }
contract token {
    /* “虚拟币”公共变量*/
    string public standard = 'Token 0.1';
    string public name;
    string public symbol;
    uint8 public decimals;
    uint256 public totalSupply;
```

```
/* 对所有账户创建一个数组*/
mapping (address => uint256) public balanceOf;
  mapping (address => mapping (address => uint256) ) public
allowance;
/* 在区块链上产生一个公共事件提示用户*/
  event Transfer (address indexed from, address indexed to,
uint256 value) ;
/* 为合约创建者设置“虚拟币”初始值*/
function token (
    uint256 initialSupply,
    string tokenName,
    uint8 decimalUnits,
    string tokenSymbol
    ) {
balanceOf[msg.sender] = initialSupply;
// 为创建者设置一个“虚拟币”初始值
totalSupply = initialSupply;
// 更新“虚拟币”总量
name = tokenName;
// 为“虚拟币”设置名称
symbol = tokenSymbol;
// 为“虚拟币”显示设置符号
decimals = decimalUnits;
// 设置“虚拟币”小数位
}
/* 发送“虚拟币”*/
```

```
function transfer (address _to, uint256 _value) {
    if (balanceOf[msg.sender] < _value) throw;
    // 检查发送者账户中余额是否充足
    if (balanceOf[_to] + _value < balanceOf[_to]) throw;
    // 检查溢出
    balanceOf[msg.sender] -= _value;
    // 从发送者账户中减去发送额
    balanceOf[_to] += _value;
    // 把相应数额加到接收者账户
    Transfer (msg.sender, _to, _value) ;
    // 提示发送操作已发生
}
/*允许其他合约以你的名义发送“虚拟币”*/
function approve (address _spender, uint256 _value)
    returns (bool success) {
    allowance[msg.sender][_spender] = _value;
    return true;
}
/*批准，并在一个交易中与已批准的合约进行交互*/
 function approveAndCall (address _spender, uint256 _value,
bytes _extraData)
    returns (bool success) {
    tokenRecipient spender = tokenRecipient (_spender) ;
    if (approve (_spender, _value) ) {
        spender.receiveApproval (msg.sender, _value, this, _
extraData) ;
```

```
            return true;
        }
    }
    /* 一个试图获得“虚拟币”的合约*/
    function transferFrom (address _from, address _to, uint256 _
value) returns (bool success) {
        if (balanceOf[_from] < _value) throw;
        // 检查发送者账户中余额是否充足
        if (balanceOf[_to] + _value < balanceOf[_to]) throw;
        // 检查溢出
        if (_value > allowance[_from][msg.sender]) throw;
        //检查是否许可
        balanceOf[_from] -= _value;
        // 从发送者账户中减去发送额
        balanceOf[_to] += _value;
        // 在接收者账户中加上发送额
        allowance[_from][msg.sender] -= _value;
        Transfer (_from, _to, _value) ;
        return true;
    }
    /*当用户向该合约发送“虚拟币”时该函数被调用*/
    function(){
        throw;
        // 防止被错误发送“虚拟币”
    }
}
```

```
contract MyAdvancedToken is owned, token {
    uint256 public sellPrice;
    uint256 public buyPrice;
    mapping (address => bool) public frozenAccount;
    /* 这将产生一个提示用户的公共事件*/
    event FrozenFunds (address target, bool frozen) ;
    /* 为合约创建者设置“虚拟币”初始值*/
    function MyAdvancedToken (
        uint256 initialSupply,
        string tokenName,
        uint8 decimalUnits,
        string tokenSymbol
    ) token (initialSupply, tokenName, decimalUnits, tokenSymbol) {}
    /*发送“虚拟币”*/
    function transfer (address _to, uint256 _value) {
        if (balanceOf[msg.sender] < _value) throw;
        // 检查发送者账户中余额是否充足
        if (balanceOf[_to] + _value < balanceOf[_to]) throw;
        // 检查是否溢出
        if (frozenAccount[msg.sender]) throw;
        //检查账户是否冻结
        balanceOf[msg.sender] -= _value;
        // 从发送者账户减去发送额
        balanceOf[_to] += _value;
        // 为接收者账户加上发送额
        Transfer (msg.sender, _to, _value) ;
```

```
        // 提示发送操作已经发生
    }
    /*试图获得“虚拟币”的合约*/
    function transferFrom (address _from, address _to, uint256 _value) returns (bool success) {
        if (frozenAccount[_from]) throw;
        //检查是否冻结
        if (balanceOf[_from] < _value) throw;
        // 检查发送者账户中余额是否充足
        if (balanceOf[_to] + _value < balanceOf[_to]) throw;
        //检查是否溢出
        if (_value > allowance[_from][msg.sender]) throw;
        //检查是否许可
        balanceOf[_from] -= _value;
        // 从发送者账户中减去发送额
        balanceOf[_to] += _value;
        // 在接收者账户中加上发送额
        allowance[_from][msg.sender] -= _value;
        Transfer (_from, _to, _value) ;
        return true;
    }
    function mintToken (address target, uint256 mintedAmount) onlyOwner {
        balanceOf[target] += mintedAmount;
        totalSupply += mintedAmount;
        Transfer (0, this, mintedAmount) ;
```

```
        Transfer (this, target, mintedAmount) ;
    }
    function freezeAccount (address target, bool freeze) onlyOwner {
        frozenAccount[target] = freeze;
        FrozenFunds (target, freeze) ;
    }
    function setPrices (uint256 newSellPrice, uint256 newBuyPrice)
onlyOwner {
        sellPrice = newSellPrice;
        buyPrice = newBuyPrice;
    }
    function buy()payable {
        uint amount = msg.value / buyPrice;
        // 计算数量
        if (balanceOf[this] < amount) throw;
        // 检查是否足够余额卖出
        balanceOf[msg.sender] += amount;
        // 在买方账户中加上所买数额
        balanceOf[this] -= amount;
        // 从卖方账户中减去所售数额
        Transfer (this, msg.sender, amount) ;
        // 执行一个反映变化的事件
    }
    function sell (uint256 amount) {
        if (balanceOf[msg.sender] < amount) throw;
        //检查是否足够余额卖出
```

```
        balanceOf[this] += amount;
        //在买方账户中加上所买数额
        balanceOf[msg.sender] -= amount;
        // 在卖方账户中减去所售数额
        if (!msg.sender.send (amount * sellPrice) ) {
        // 向卖方发送“虚拟币”
        throw;   //执行本语句防止递规攻击
        } else {
            Transfer (msg.sender, this, amount) ;
            //执行一个反映变化的事件}
    }
}
```

6.4 部署与应用

用户可以采用多种方式部署智能合约，其中基于以太坊钱包Mist部署是一种相对简单和直观的部署方法。

6.4.1 ▷ 基于Mist部署

在合约部署时向下拉动Mist的滚动条，将看到应用部署的预估成本。用户可以把这个成本值设为一个更小的值，不过如果比以太坊网络中平均值低得太多，用户发出的交易将可能需要花费更长时间去验证。单击“部署类型”并输入密码，之后页面将自动跳转到新窗口，在最后的交易下面可以看到一行“Created contract”，如图6.11所示。之后，单击用户的交易可以看到一个正缓慢进行的蓝色框，这代表当前已有多少以太坊节点看到并确认了用户的交易。用户所获得的确认越多，用户的合约被成功部署的确定性就越大。

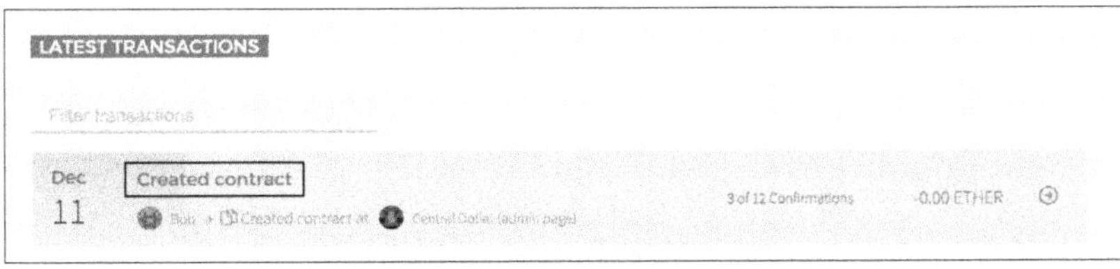

图 6.11　交易确认进度

单击管理页链接，可以进到操作面板，在这里用户可以用新创建的“虚拟币”做想做的事情。

在“读取合约”下面可免费查看合约的所有选项、函数等相关信息。这里也可查看“虚拟币”所有者的地址，复制地址，然后将其粘贴到账户设置栏，将可以查看任何账户的账户余额（账户余额将自动显示在所拥有“虚拟币”的账户页面上）。

在“写入合约”下面可以看到用各类方式操作区块链的所有函数，这些函数都需要消耗燃料。如果用户创建的合约允许用户挖矿新的“虚拟币”，这里应出现一个叫“Mint Token”的函数，选择这个函数，如图6.12所示。

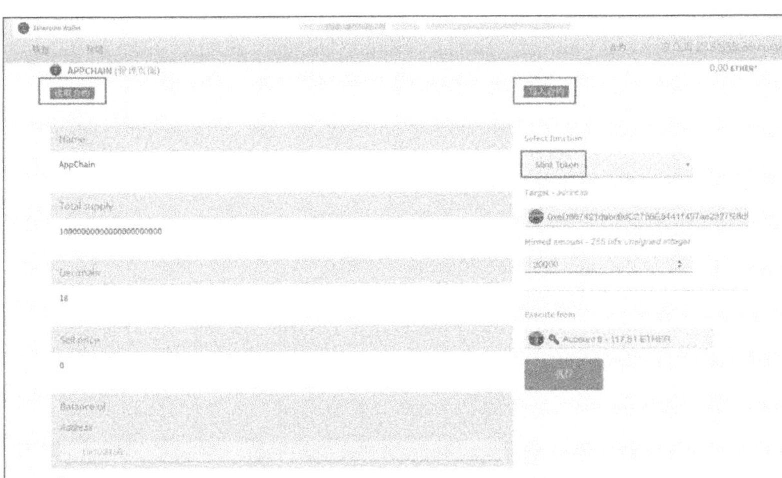

图 6.12　Mint Token 构造函数

设置新“虚拟币”的创建地址和数量（如果已经设置decimal为18，

就在数量后面加18个0，确保设置正确的数量）。选择设置为所有者的账户，将“虚拟币”设为0，然后执行。

在几次确认后，接受者账户余额的数量将会增加，不过接收者钱包可能不能自动显示。要让钱包自动化显示用户的“虚拟币”，在钱包中必须手动把“虚拟币”加入查看列表中。在管理页复制用户的“虚拟币”地址，然后发送给用户的接收者，让他们在其钱包地址栏中把用户的“虚拟币”加入查看列表。“虚拟币”的名字、符号和进制数量在用户的钱包中可以进行个性化设置，这在有类似或相同名字的“虚拟币”时特别有用。“虚拟币”的主图标是不变的，用户在发送和接收“虚拟币”时必须注意，如图6.13所示（图中的“代币”即为“虚拟币”，是一种通证）。

图 6.13　加入观察合约

6.4.2 ▷ 使用用户的“虚拟币”

一旦用户已部署好“虚拟币”，并被加入“虚拟币”查看列表，用户的账户将显示整个账户余额。要发送“虚拟币”，则进入发送栏，然后在拥有“虚拟币”的账户中输入相应数量，最后设置所想要转出的“虚拟币”数量。

如果想添加其他“虚拟币”，先进入合约栏，然后单击查看“虚拟币”。例如，把ChinesYing“虚拟币”添加到查看列表，加入地址“0x1fC3a53e64201Ae6e816F46B23208AB2C55564f7”，其他信息将自动加载。单击“好”按钮，ChinesYing“虚拟币”就被加入，如图6.14所示。

图 6.14　查看其他“虚拟币”

思考题

❶ 使用本章所介绍的“虚拟币”合约代码，通过Mist部署合约，在Mist中操作使用“虚拟币”的各项函数。

❷ 结合“虚拟币”合约代码及你自身的应用需求，对“虚拟币”合约代码进行适当改造与调用。

7 CHAPTER 众筹智能合约设计

区块链众筹的本质是在启动新事业时，把其核心的规则制定出来，并由可信的计算机程序来执行规则，这能较好地提高其运行效率并能大幅度降低投融资双方的成本，因此一个成功众筹的公司一开始就可能是面向全球互联网公众的。

本章所要介绍的案例是如何基于智能合约实现众筹管理，以及在区块链所提供的可信计算环境和规则透明、确定执行的前提下，如何实现众筹代码。

说明 **2015年7月18日，央行会同有关部委发布《关于促进互联网金融健康发展的指导意见》，明确了股权众筹行业的监管由证监会负责。直到目前，监管层定义的股权众筹预期并不明晰，实际上也尚未有这样的业务出现。全国政协委员、中国证监会副主席姜洋2018年3月6日在政协讨论发言会上也透漏，目前正在积极研究推进股权众筹融资试点。由于区块链在实现众筹机制方面有较好的技术优势，本章仅从技术层面通过“优秀创意众筹项目”这一案例介绍区块链众筹技术的实现方法与路径。**

7.1 为优秀创意众筹

假设某个优秀创意需要基于区块链技术进行众筹，可以为其设计众筹智能合约。这有两个好处。第一，既然是众筹，就需要在项目一开始制定出项目所要获得支持的清晰目标和达到目标的期限。如果到期未能实现目标，支持者提供的资助将被系统自动收回。采用这种方式，能降低支持者的风险，有助于提高支持者的参与热情。第二，在以太坊中，所设计和使用的代码是开放和可审计的，不需要中心化、可信任的第三方平台，这可以降低实现创意众筹的成本。

本例中将解决众筹中的两个重要问题：①怎样管理和保存资助凭证（一般用“虚拟币”作为通证）；②获得资助后如何监管。

7.1.1 ▷ “虚拟币”与去中心化自治组织

在一般情况下，众筹中的资助凭证通常由一个不可更改的中心化数据库来管理，并跟踪所有支持者的交互历史。任何人错过众筹的截止时间就不能再加入；任何支持者一旦提供资助就不能退出。

在本案例中，可以采用去中心化的方案替代上述方法。在以太坊网络中创建一个“虚拟币”作为通证来表征资助凭证。当到了要给出实际回报的产品或成果时，发起者可用实际产品换回资助凭证，支持者也可以选择保留资助凭证。

在获取资助凭证后，如果不能有效使用，项目管理失当，最后是很难达到预期成果的。在本项目中，将使用去中心化自治组织系统来批准使用所获得的资助凭证，这样会使众筹的过程更加公开、公正（这种去中心化自治组织系统的技术实现方法将在第8章中详细介绍）。

按照如下步骤创建和部署一个智能合约。

（1）用户根据需要选择所需的以太坊网络。如果用户仅仅用于测试，可以把以太坊钱包转到测试网络并开始挖矿。

（2）创建一个固定额度的“虚拟币”。例如，创建一个额度为100的“虚拟币”，使用名字为“Gadgets”，“虚拟币”符号为“&”，小数位为“0”，部署和保存地址，如图7.1所示。

（3）创建一个类似于“股东协会”的智能合约。在本例中，使用刚刚创建的“虚拟币”地址作为凭证地址，最小的法定人数为10，投票时间为1 500分钟（25小时），部署这个合约和保存地址。

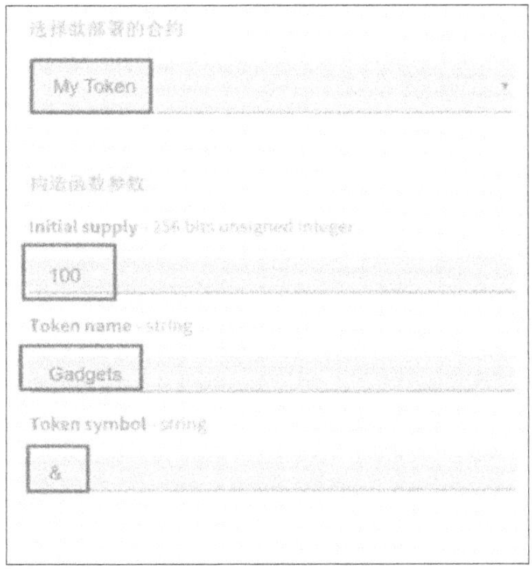

图 7.1 “虚拟币”合约部署及构建参数设置

7.1.2 ▷ 众筹合约代码

众筹智能合约是为优秀创意众筹的关键部分，复制下面的代码到以太坊钱包Mist，创建众筹智能合约。

```
pragma solidity ^0.4.2;
contract token { function transfer (address receiver, uint amount)
{  }}
contract Crowdsale {
    address public beneficiary;
     uint public fundingGoal; uint public amountRaised; uint public
deadline; uint public price;
    token public tokenReward;
    mapping (address => uint256) public balanceOf;
    bool fundingGoalReached = false;
    event GoalReached (address beneficiary, uint amountRaised) ;
```

```
    event FundTransfer (address backer, uint amount, bool isContribution) ;
    bool crowdsaleClosed = false;
    /*保存众筹参与人信息的数据结构*/
    /*在初始化阶段，创建合约所有者*/
    function Crowdsale (
        address ifSuccessfulSendTo,
        uint fundingGoalInEthers,
        uint durationInMinutes,
        uint etherCostOfEachToken,
        token addressOfTokenUsedAsReward
    ) {
        beneficiary = ifSuccessfulSendTo;
        fundingGoal = fundingGoalInEthers * 1 ether;
        deadline = now + durationInMinutes * 1 minutes;
        price = etherCostOfEachToken * 1 ether;
        tokenReward = token (addressOfTokenUsedAsReward) ;
    }
```

/*任何人都可以向众筹地址发送“虚拟币”，函数获取发送者的数额和地址，在众筹数据库中记录下发送者及其发送的“虚拟币”的数量，并累加众筹总数额；在“虚拟币”系统中根据所发送“虚拟币”数量向发送者授予相应数量的“虚拟币”*/

```
    function()payable {
        if (crowdsaleClosed) throw;
        uint amount = msg.value;
        balanceOf[msg.sender] = amount;
        amountRaised += amount;
```

```
        tokenReward.transfer (msg.sender, amount / price) ;
        FundTransfer (msg.sender, amount, true) ;
    }
    modifier afterDeadline(){ if (now >= deadline) _; }
    /* 检查众筹目标是否达成，以及众筹截止时间是否已到, 结束众筹*/
    function checkGoalReached()afterDeadline {
        if (amountRaised >= fundingGoal) {
            fundingGoalReached = true;
            GoalReached (beneficiary, amountRaised) ;
        }
        crowdsaleClosed = true;
    }
    function safeWithdrawal()afterDeadline {
    if (!fundingGoalReached) {
        uint amount = balanceOf[msg.sender];
        balanceOf[msg.sender] = 0;
        if (amount > 0) {
            if (msg.sender.send (amount) ) {
                FundTransfer (msg.sender, amount, false) ;
            } else {
                balanceOf[msg.sender] = amount;
            }
        }
    }
    if (fundingGoalReached && beneficiary == msg.sender) {
        if (beneficiary.send (amountRaised) ) {
```

```
                FundTransfer (beneficiary, amountRaised, false) ;
            } else {
                //如果众筹失败，把资助凭证退回资助人，解除发起者账户
                fundingGoalReached = false;
            }
        }
    }
}
```

7.1.3 ▷ 关键代码说明

在众筹合约的构造函数（合约创建时调用）中，变量截止时间和资助目标可以通过以下方式进行设置。

```
fundingGoal = fundingGoalInEthers * 1 ether;
deadline = now + durationInMinutes * 1 minutes;
price = etherCostOfEachToken * 1 ether;
```

这里用到了一些Solidity语言的关键词，有助代码的可读性，类似换算如1ether=1 000finney或2days=48hours。在以太坊网络中，所有的以太币数量使用其最小可分单位“wei”来计量。把如上代码转换成以“wei”为单位需要乘以10^{18}（而这个转换是通过关键词“ether”自动完成）。下一行创建了一个精确到分钟的时间戳，同样使用了关键词“now”和“minutes”。

下列语句将在给定地址实例化一个合约对象。

```
tokenReward = token (addressOfTokenUsedAsReward) ;
```

合约能够理解一个“token”是什么，因为在开始行已经提前定义。

```
contract token { function transfer (address receiver, uint amount)
{  }}
```

这里没有完整描述这个合约是如何工作的或者说没有提供它包含的所

有函数，而只描述了这个合约所需要的部分：token是一个带transfer函数的合约，在这个地址有一个token。

7.2 众筹合约的应用

类似第6章合约部署的方法，众筹合约可以基于以太坊钱包Mist进行部署与应用。

7.2.1 ▷ 众筹合约的部署

在合约栏部分部署合约，如图7.2所示。

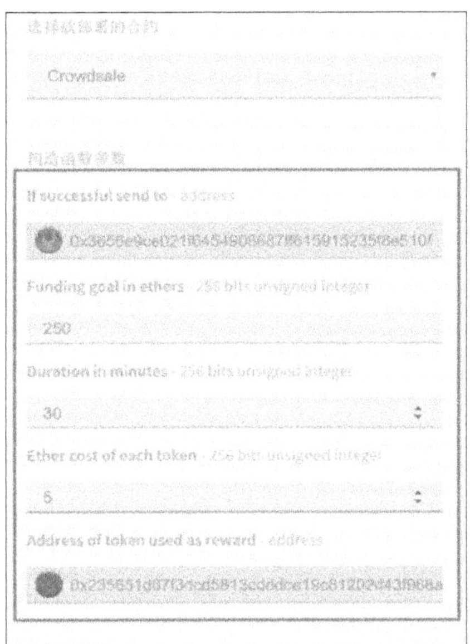

图 7.2 众筹合约部署及构建参数设置

（1）把用户刚刚创建的组织地址填入“If successful sent to”空格部分。

（2）设置250 ethers作为众筹目标。

（3）如果用户仅仅用于测试或演示，把众筹期设置为3～10分钟，但如果用户已经在实际众筹，可以把这个时间填为一个较大的值，如45 000

分钟（约31天）。

（4）每个“虚拟币”的“虚拟价格”将基于用户准备发出多少“虚拟币”（在前述步骤中“虚拟币”的最大值可以用“initial supply”来设定），本例中，将其设为5 ethers。

（5）用户所创建的“虚拟币”地址将被加入到“虚拟币”众筹地址。

设置燃料价格，单击“部署”按钮，等待众筹合约创建。一旦众筹页面出现，用户现在需要储存足够的“虚拟币”以确保获得足够的资助凭证。单击众筹地址，然后存入和发送50Gadgets到众筹合约。

这里有100Gadgets，为什么不能把它们全部发送呢？

这是非常重要的一点。用户所创建的众筹合约将完全由“虚拟币”持有者控制。如果有人控制了50%以上的“虚拟币”，他们将能把资助发送给他们自己，这将让众筹处于危险状态。为防止出现有恶意的“虚拟币”持有人，可在关联合约中编入特别的代码，或者把所有的资助发送到一个简单的地址。为了简化操作，只需要发送一半Gadgets，而如果希望进一步去中心化，则可把剩余的“虚拟币”分解到多个可信任的组织。

7.2.2 ▷ 筹集资助

一旦众筹具有了所有必要的资助凭证，要获得资助就很容易了，用户可以通过以太坊钱包进行相关操作，以下是用户可以看到的一些相关代码。

```
function(){
    if (crowdsaleClosed) throw;
    uint amount = msg.value;
...
```

上述代码中未命名函数是默认函数，可在合约接收到“虚拟币”时执行。函数将自动检查众筹合约是否仍处于众筹期，计算支持者所获得的资助凭证数（mount/price）并发送给他。如果众筹合约已经结束，合约将执行“throw”，这意味着合约执行将停止，而已发送的“虚拟币”将被退回（但是合约消耗的燃料仍将用“虚拟币”的形式发出）。

这样处理将有利于防止合约落入一种状态：有人在没有获得资助的情况下丢失“虚拟币”。以前，当众筹结束时将执行自毁合约操作，这意味着众筹完成之后的任何交易将使他们丢失“虚拟币”。这里通过创建一个回调函数在众筹结束时执行“throw”，避免了任何人丢失“虚拟币”。

合约有安全收回safeWithdrawl()函数，不带任何参数，可由受益人执行，取得所获资助，或者在众筹失败的情况下支持者提供的资助将被收回。

7.3 众筹合约的扩展

如果众筹超出其目标怎么办?

在前述代码中，仅有两种情况：众筹达到目标或者没有达到目标。由于资助凭证是有限的，这意味着一旦目标已经达到，其他任何人都不能再加入。从众筹的历史上来看有太多的项目在非常短的时间内完成其预期目标，或者超额完成。

7.3.1 ▷ 无限制众筹

这里需要对项目进行一些修改。首先，需要创建一个可挖矿“虚拟币”，然后修改众筹合约将前述所有的transfer函数改为mintToken（即支持者所获得的资助凭证——“虚拟币”并不是从已有的“虚拟币”账户中转账，而是根据用户需要动态挖矿并赋予支持者）。

```
contract token { function mintToken (address receiver, uint amount)
{  }}
...
```

```
function(){
    ...
    tokenReward.mintToken (msg.sender, amount / price) ;
    ...
}
```

一旦用户发布了众筹合约，获得其地址进入“虚拟币”合约，执行改变所有者函数，这将允许用户的众筹合约在需要时去调用挖矿函数。

注意 **这个可能对恶意执币者打开了方便之门。在众筹的任何点任何人的资助额超过已获得的数量，他都可能控制所获得的所有资助并拿走它。有很多策略和方法可以预防上述事件发生，可参考以下3种方法，不过具体方法请读者自行思考和设计。**

（1）修改众筹合约。当一个新“虚拟币”发出，同时发送同等数量的“虚拟币”给合约创建者，这样以保证合约主人总能控制整个项目的50%。

（2）修改组织。为可信的第三方创建一个否定权，可以终止任何敌意提案。

（3）修改“虚拟币”合约。允许一个可信中心冻结“虚拟币”账户，需要一个验证确保没有任何一个单独实体能够实际控制绝大多数“虚拟币”。

7.3.2 ▷ 定时合约调用

以太坊合约是被动运行的，它们只能在被激活后开始工作。不过，有些第三方社区服务提供“以太坊闹钟”，这个服务是开放的，可以在收到“虚拟币”后执行定时合约调用，或者发送“虚拟币”来定时合约。本例使用了以太坊的一个第三方“闹钟”服务，如图7.3所示。

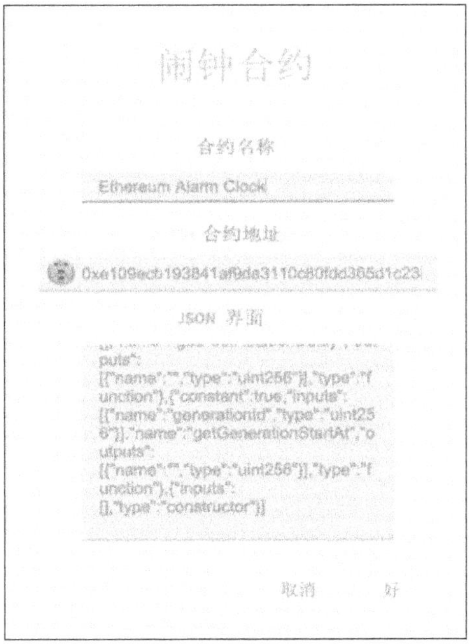

图 7.3　闹钟合约加入观察

首先，在监看目录中加入以太坊闹钟合约。在合约栏进入“新增观察合约”（不是部署合约），填入合约名称“Ethereum Alarm Clock”，填入合约地址“0xe109EcB193841aF9dA3110c80FDd365D1C23Be2a”，然后把以下JSON接口代码填入。

[{"constant": false, "inputs": [{"name": "contractAddress", "type": "address"}, {"name": "abiSignature", "type": "bytes4"}, {"name": "targetBlock", "type": "uint256"}], "name": "scheduleCall", "outputs": [{"name": "", "type": "address"}], "type": "function"}, {"constant": false, "inputs": [{"name": "contractAddress", "type": "address"}, {"name": "abiSignature", "type": "bytes4"}, {"name": "targetBlock", "type": "uint256"}, {"name": "suggestedGas", "type": "uint256"}, {"name": "gracePeriod", "type": "uint8"}], "name": "scheduleCall",

```
"outputs": [{"name": "", "type": "address"}], "type": "function"},
{"constant": true, "inputs": [], "name": "getDefaultPayment",
"outputs": [{"name": "", "type": "uint256"}], "type": "function"},
{"constant": true, "inputs": [], "name": "getDefaultFee", "outputs":
[{"name": "", "type": "uint256"}], "type": "function"}, {"constant": false,
"inputs": [{"name": "contractAddress", "type": "address"}, {"name":
"abiSignature", "type": "bytes4"}, {"name": "targetBlock", "type":
"uint256"}, {"name": "suggestedGas", "type": "uint256"}], "name":
"scheduleCall", "outputs": [{"name": "", "type": "address"}], "type":
"function"}, {"constant": true, "inputs": [{"name": "callAddress",
"type": "address"}], "name": "getNextCallSibling", "outputs":
[{"name": "", "type": "address"}], "type": "function"}, {"constant": true,
"inputs": [{"name": "callAddress", "type": "address"}], "name":
"isKnownCall", "outputs": [{"name": "", "type": "bool"}], "type":
"function"}, {"constant": true, "inputs": [{"name": "basePayment",
"type": "uint256"}], "name": "getMinimumCallCost", "outputs":
[{"name": "", "type": "uint256"}], "type": "function"}, {"constant": false,
"inputs": [{"name": "contractAddress", "type": "address"}, {"name":
"abiSignature", "type": "bytes4"}, {"name": "targetBlock", "type":
"uint256"}, {"name": "suggestedGas", "type": "uint256"}, {"name":
"gracePeriod", "type": "uint8"}, {"name": "basePayment", "type":
"uint256"}], "name": "scheduleCall", "outputs": [{"name": "", "type":
"address"}], "type": "function"}, {"constant": true, "inputs": [], "name":
"getMinimumCallCost", "outputs": [{"name": "", "type": "uint256"}],
"type": "function"}, {"constant": false, "inputs": [{"name":
"contractAddress", "type": "address"}, {"name": "abiSignature",
```

"type": "bytes4"}, {"name": "targetBlock", "type": "uint256"}, {"name": "suggestedGas", "type": "uint256"}, {"name": "gracePeriod", "type": "uint8"}, {"name": "basePayment", "type": "uint256"}, {"name": "baseFee", "type": "uint256"}], "name": "scheduleCall", "outputs": [{"name": "", "type": "address"}], "type": "function"}, {"constant": true, "inputs": [{"name": "basePayment", "type": "uint256"}, {"name": "baseFee", "type": "uint256"}], "name": "getMinimumCallCost", "outputs": [{"name": "", "type": "uint256"}], "type": "function"}, {"constant": true, "inputs": [], "name": "getMinimumCallGas", "outputs": [{"name": "", "type": "uint256"}], "type": "function"}, {"constant": true, "inputs": [], "name": "getCallWindowSize", "outputs": [{"name": "", "type": "uint256"}], "type": "function"}, {"constant": true, "inputs": [{"name": "blockNumber", "type": "uint256"}], "name": "getNextCall", "outputs": [{"name": "", "type": "address"}], "type": "function"}, {"constant": true, "inputs": [], "name": "getMinimumGracePeriod", "outputs": [{"name": "", "type": "uint256"}], "type": "function"}]

提示：如果用户在测试网络，就使用地址“0xb8Da699d7FB01289D4EF718A55C3174971092BEf”来代替。

单击用户刚添加的绿色图标，然后在合约标题输入栏下选择一个函数调用。这里将有多个定时调用函数，选择第一个函数，其具有3个数据域。

（1）ContractAddress（合约地址）指的是已部署的众筹合约地址。

（2）AbiSingature（abi签名）是0x01cb3b20。用户能够在执行任何函数时找出它们的签名（在确认窗口时不用输入密码，复制数据域的代码，函数签名就是开头的10个字符）。

（3）目标区块是用户希望函数去执行的区块号，可以通过以下方式去估算目标块号。

众筹合约使用时间戳定义了一个截止时间，但是闹钟现在基于区块数来定时合约调用。由于以太坊有一个大约17秒的区块时间，用户需要计算可能超过截止时间的一个区块号。可用公式“current_block_number+duration_in_mintes*60/17+buffer（即当前区块号+以分钟计的持续时间*60/17+buffer）”计算。

这里buffer是一批足够大的区块，在众筹合约截止时间后会出现。对一个少于一天的短期限众筹合约，具有200个区块的buffer就足够了。对一个30天期限的众筹合约，则大约需要具有5 000个区块的buffer。

可参考以下数据估算究竟需要在当前区块的基础上加入多少区块来计算目标块号。

- 1小时期限（60分钟）：212块
- 1天期限（1 440分钟）：5 082块
- 1周期限（10 080分钟）：38 117块
- 1月期限（44 640分钟）：157 553块

在发送域，需要发送足够的“虚拟币”来获取燃料和执行时钟服务，超出的部分将退回，至少发送0.25个“虚拟币”可确保其在安全范围内。

单击“执行”按钮，用户的调用就将被定时。但并不能保证实际运行时上述配置就能顺利执行这个调用，因此，在截止时间过去后需要再核实。

思考题

❶ 使用本章所介绍的众筹合约代码，通过Mist部署合约，在Mist中操作使用众筹合约的各项函数。

❷ 结合众筹合约代码及自身的应用需求，对众筹合约代码进行适当改造与调用。

❸ 假设你正在采用区块链技术设计众筹项目，请思考并制订具体的实施方案。

8

CHAPTER

去中心化自治组织

第7章讲解了如何基于智能合约实施众筹及基于此构建如众筹这样的经济合作关系，本章的内容则探讨如何在区块链的应用项目上构建可自动运行、规则透明的“可信”自治组织关系。

前面已列出的合约都是由人控制的账户所拥有和执行，在以太坊网络中，一个智能合约同其他用户账户一样能够创建操作。用户账户与合约账户也并没有太多的区别，合约也能够拥有“虚拟币”、参与众筹，甚至作为其他合约的投票成员。不同的是，合约可以由用户自己所定义的一套透明规则来控制和让很多人共同参与，以太坊把这类合约称为去中心化自治组织（The Decerntevized Autonomous Orginizitions，The DAOs）。

8.1 会员制自治组织

本节主要介绍如何建立基于区块链的去中心化会员制自治组织项目（下面简称“会员制自治组织”）。会员制自治组织可以完成其他账户能完成的工作，它可以由中心管理员或者其成员民主投票来决定其成员增减并制订投票规则，并且这些自治规则也可根据实际需要进行改变。

这种会员制自治组织的运作方法包括：

① 设置所有者，其扮演管理员、CEO或总裁的角色；

② 所有者能够添加或删除组织的投票成员；

③ 组织成员可以通过以太坊网络提交提案，其他成员能够对提案进行表决；

④ 符合比例数量的成员需要在预设时间内完成投票；

⑤ 统计成员投票情况，如果赞成票数达到相应数量，执行提案。

8.1.1 ▷ 会员制自治组织的合约代码

会员制自治组织合约部署的代码如下。

```
pragma solidity ^0.4.2;
contract owned {
    address public owner;
    function owned(){
        owner = msg.sender;
    }
    modifier onlyOwner {
        if (msg.sender != owner) throw;
        _;
    }
    function transferOwnership (address newOwner) onlyOwner {
        owner = newOwner;
    }
}
contract tokenRecipient {
    event receivedEther (address sender, uint amount) ;
    event receivedTokens (address _from, uint256 _value, address
_token, bytes _extraData) ;
    function receiveApproval (address _from, uint256 _value,
address _token, bytes _extraData) {
        Token t = Token (_token) ;
        if (!t.transferFrom (_from, this, _value) ) throw;
        receivedTokens (_from, _value, _token, _extraData) ;
    }
    function()payable {
        receivedEther (msg.sender, msg.value) ;
```

```
    }
}
contract Token {
      function transferFrom (address _from, address _to, uint256 _value) returns (bool success) ;
}
contract Congress is owned, tokenRecipient {
    /* 合约变量和事件*/
    uint public minimumQuorum;
    uint public debatingPeriodInMinutes;
    int public majorityMargin;
    Proposal[] public proposals;
    uint public numProposals;
    mapping (address => uint) public memberId;
    Member[] public members;
     event ProposalAdded (uint proposalID, address recipient, uint amount, string description) ;
      event Voted (uint proposalID, bool position, address voter, string justification) ;
     event ProposalTallied (uint proposalID, int result, uint quorum, bool active) ;
    event MembershipChanged (address member, bool isMember) ;
    event ChangeOfRules (uint minimumQuorum, uint
debatingPeriodInMinutes, int majorityMargin) ;
    struct Proposal {
        address recipient;
```

```
        uint amount;
        string description;
        uint votingDeadline;
        bool executed;
        bool proposalPassed;
        uint numberOfVotes;
        int currentResult;
        bytes32 proposalHash;
        Vote[] votes;
        mapping (address => bool) voted;
    }
    struct Member {
        address member;
        string name;
        uint memberSince;
    }
    struct Vote {
        bool inSupport;
        address voter;
        string justification;
    }
    /* 修饰函数：只允许“持股成员”参与投票和提交提案*/
    modifier onlyMembers {
        if (memberId[msg.sender] == 0)
        throw;
        _;
```

```
    }
    /* 构造函数*/
    function Congress (
        uint minimumQuorumForProposals,
        uint minutesForDebate,
        int marginOfVotesForMajority, address congressLeader
    ) payable {
            changeVotingRules (minimumQuorumForProposals,
minutesForDebate, marginOfVotesForMajority) ;
        if (congressLeader != 0) owner = congressLeader;
        // 添加一个空的成员
        addMember (0, '') ;
        // 把创建者加在后面
        addMember (owner, 'founder') ;
    }
    /*加入成员*/
    function addMember (address targetMember, string memberName)
onlyOwner {
        uint id;
        if (memberId[targetMember] == 0) {
            memberId[targetMember] = members.length;
            id = members.length++;
                members[id] = Member ({member: targetMember,
memberSince: now, name: memberName}) ;
        } else {
            id = memberId[targetMember];
```

```
                Member m = members[id];
        }
        MembershipChanged (targetMember, true) ;
    }
    function removeMember (address targetMember) onlyOwner {
        if (memberId[targetMember] == 0) throw;
        for (uint i = memberId[targetMember]; i<members.length-1; i++) {
                members[i] = members[i+1];
        }
        delete members[members.length-1];
        members.length--;
    }
    /*修改规则*/
    function changeVotingRules (
        uint minimumQuorumForProposals,
        uint minutesForDebate,
        int marginOfVotesForMajority
    ) onlyOwner {
        minimumQuorum = minimumQuorumForProposals;
        debatingPeriodInMinutes = minutesForDebate;
        majorityMargin = marginOfVotesForMajority;
        ChangeOfRules (minimumQuorum, debatingPeriodInMinutes,
majorityMargin) ;
    }
    /* 提交新提案函数*/
    function newProposal (
```

```
        address beneficiary,
        uint etherAmount,
        string JobDescription,
        bytes transactionBytecode
    )
        onlyMembers
        returns (uint proposalID)
    {
        proposalID = proposals.length++;
        Proposal p = proposals[proposalID];
        p.recipient = beneficiary;
        p.amount = etherAmount;
        p.description = JobDescription;
            p.proposalHash = sha3 (beneficiary, etherAmount,
transactionBytecode) ;
        p.votingDeadline = now + debatingPeriodInMinutes * 1 minutes;
        p.executed = false;
        p.proposalPassed = false;
        p.numberOfVotes = 0;
        ProposalAdded (proposalID, beneficiary, etherAmount,
JobDescription) ;
        numProposals = proposalID+1;
        return proposalID;
    }
    /* 检查提案的字节码是否匹配函数*/
    function checkProposalCode (
```

```
        uint proposalNumber,
        address beneficiary,
        uint etherAmount,
        bytes transactionBytecode
    )
        constant
        returns (bool codeChecksOut)
    {
        Proposal p = proposals[proposalNumber];
         return p.proposalHash == sha3 (beneficiary, etherAmount,
transactionBytecode) ;
    }
    function vote (
        uint proposalNumber,
        bool supportsProposal,
        string justificationText
    )
        onlyMembers
        returns (uint voteID)
    {
        Proposal p = proposals[proposalNumber];
        //读取提案
        if (p.voted[msg.sender] == true) throw;
        //如果已经投票，则终止
        p.voted[msg.sender] = true;
        // 设置该投票者已完成投票
```

```
        p.numberOfVotes++;
        // 增加已投票成员数量
        if (supportsProposal) {
        // 如果支持提案
            p.currentResult++;
            // 增加计数
        } else {
        //如果不支持
            p.currentResult--;
            // 减少计数
        }
        // 创建事件日志
        Voted (proposalNumber, supportsProposal, msg.sender,
justificationText) ;
        return p.numberOfVotes;
    }
      function executeProposal (uint proposalNumber, bytes
transactionBytecode) {
        Proposal p = proposals[proposalNumber];
        /* 检查提案是否能够执行:
          投票截止时间是否已到?
          是否已经执行或正在执行?
          交易字节符验证是否匹配?
          是否达到最低赞成票?
        */
        if (now < p.votingDeadline
```

```
                || p.executed
                || p.proposalHash != sha3 (p.recipient, p.amount,
transactionBytecode)
            || p.numberOfVotes < minimumQuorum)
            throw;
        /* 执行结果*/
        /* 支持和反对之间的差额是否大于设定值*/
        if (p.currentResult > majorityMargin) {
            // 避免循环调用
            p.executed = true;
            if (!p.recipient.call.value (p.amount * 1 ether)
(transactionBytecode) ) {
                throw;
            }
            p.proposalPassed = true;
        } else {
            p.proposalPassed = false;
        }
        //启动事件
        ProposalTallied (proposalNumber, p.currentResult, p.
numberOfVotes, p.proposalPassed) ;
    }
}
```

8.1.2 ▷ 合约部署

打开以太坊钱包Mist（如果用户仅是测试，选择测试网络Testnet），在合约栏中，单击“部署合约”，在Solidity代码编辑框，把8.1.1节中的代码复制到编辑框中。在合约选择框内，选择“Congress”可以看到初始变量设置，如图8.1所示。

（1）Minimum quorum for proposals指提案最少投票数，是提案执行的必要条件之一。

（2）Minutes for debate指提案在执行前需要经历的最少时间。

（3）Margin of votes for majority指投票多数规则，如果超过50%的投票即算提案通过，称为简单多数制，将margin设为0；如果需要绝对共识如100%，则设为1。

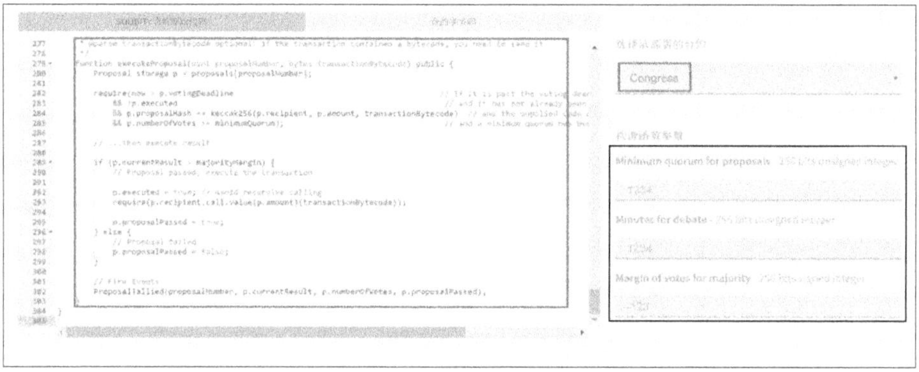

图 8.1　会员制合约部署及构造参数设置

用户可以在后面再来修改这些参数，现在选一个名字，设为争议时间为5分钟，把其他参数设为0。在设置页面左边的位置，如图8.1所示，可看到合约用“虚拟币”估算的成本。如果要保存可以把这个价格调低一些，但这就意味合约的创建需要等待更长的时间。单击“部署”按钮，输入密码，等待合约生效。

之后将自动进入控制面板，下拉滚动条，可以看到交易已经创建。很快就可以看到交易成功和一个新的特殊图标已经创建。单击合约名字可以查看合约相关信息（也可以在其他时间通过合约栏查看）。

8.1.3 ▷ 与其他人分享

如果想与其他人分享The DAOs，则需要合约地址和接口文件（一个小文本数据用于指导合约的操作）。单击复制地址可以获得前者，显示接口将获得后者。在其他计算机上，进入合约栏，然后单击查看合约，添加正确的合约地址和接口信息，单击“好”按钮，如图8.2所示。

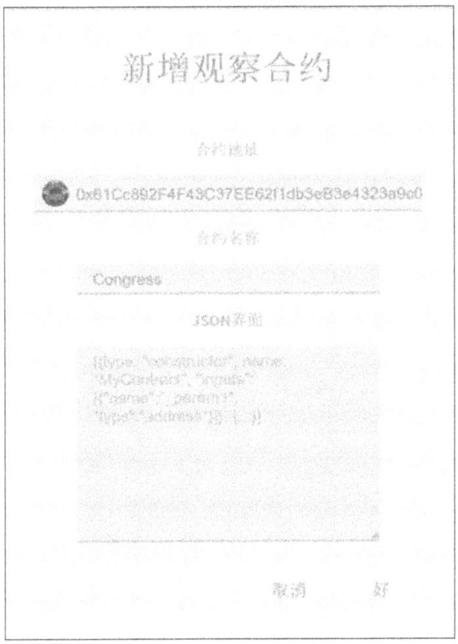

图 8.2 加入观察合约

8.1.4 ▷ 合约操作

在“读取合约”中，可以看到所有合约能够免费执行的函数（这些函数仅仅从区块链中读取数据）。例如，这里能够看到合约的当前“owner”（上载合约的账户）。

在“写入合约”中，可以看到能够进行一些计算并把数据存入区块链的所有函数，这些函数需要使用“虚拟币”。选择“New Proposal”选项将显示这个函数的所有选项。

在与合约交互前，需要加入新的成员，这样他们才能参与投票。在“select function”选择框，选择“Add Member”选项。添加用户想加入成员的地址并选中投票框（删除一个成员，操作相同，但不要选中投票框）。在“Execute from”处确保所设置账户与“owner”的账户一致。单击“执行”按钮，下个区块将记录这些修改，如图8.3所示。

图 8.3　Congress 合约使用

这里没有成员列表，但是用户可以把他们的地址输入合约栏“Read from”的“Membersfunction”列表中，检测所添加成员是否已经成功加入。

如果用户想让这个组织合约拥有一些用户自己的“虚拟币”，用户可以给它存入一些“虚拟币”。单击位于左上角的“存入”按钮可存入“虚拟币”。

1. 增加一个简单的提案：发送“虚拟币”

现在为合约加入第一个提案。在函数选择框，选择“New Proposal”选项。

在“Beneficiary”处把用户想发送“虚拟币”的地址加入，然后在“Wei amount”处填入发送的数额（必须是数字），然后在后面用文字说明提出这项提案的原因。保持“Transaction bytecode”栏的空白状态暂不管，单击“执行”按钮后输入密码。之后提案数量（Num Proposals）将加到1，首个提案（标号为0）将在左边栏出现。当用户加入更多提案时，用户只需在“Proposals”域输入提案号就可以查看有关这些提案的内容，如图8.4所示。

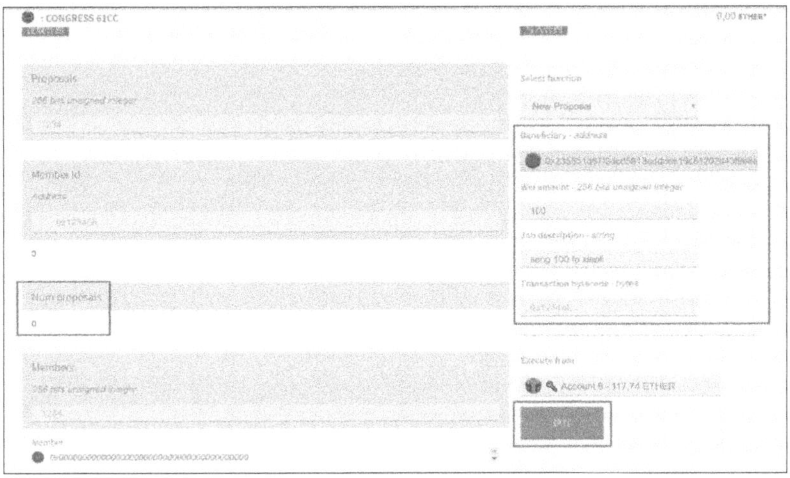

图 8.4　执行 New Proposal 函数

对提案进行投票非常简单，在函数选择框选择“vote”选项，在第一框内输入提案号，如果赞同选择“Yes”选项（若反对则保持为空白），单击“执行”按钮发送投票。

当投票时间已过，选择“ExecuteProposal”选项。如果提案仅仅是发送“虚拟币”，“Transaction bytecode”域则保持为空白状态。在单击“执行”按钮之后但在输入密码之前，注意屏幕出现的内容。

如果在“estimated fee consumption”域出现一个警告，这意味着由于一些原因函数调用将不能执行并被终止。可能有各种原因，但在这个合约的执行中，这个警告通常是由于用户在其投票截止时间之前执行合约，或者用户在发送一个与原提案不符的字节码数据。因为安全的原因，如果这些事情发生，合约执行均将被终止，同时用户若试图执行“非法”交易将丢掉他为本次交易而发送的所有“虚拟币”。

如果交易已经执行，这之后用户就可能看到结果。执行返回

“true”，组织合约账户将减去相应数量的“虚拟币”，其相应数量的“虚拟币”将进入接收者账户。

2. 增加一个复杂的提案：拥有另外一个“虚拟币”

如果用户能获得执行交易的字节码，就能够使用上述合约在以太坊上执行其他交易，这些使用以太坊钱包即可实现。

在这个例子中，用户将使用另一个“虚拟币”来表明合约除了可以拥有一个“虚拟币”之外，还能够进行基于该“虚拟币”的其他合约操作。首先，使用用户的一个账户创建一个“虚拟币”。在合约页，单击“存入”按钮，转入一些“虚拟币”到这个新建的The DAOs中（为方便起见，不要发送超过用户“虚拟币”一半以上的数额到这个The DAOs中）。然后，模拟用户想执行的操作。如果用户提议由The DAOs合约发送500mg“虚拟币”给某人，通过该用户的账户按照以下步骤执行交易，单击“发送”按钮，当确认页弹出时，不要输入密码，弹出界面如图8.5所示。

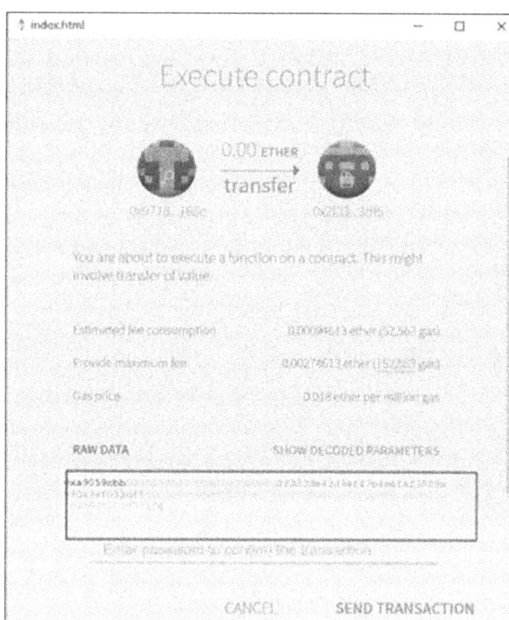

图 8.5　执行 Proposal 字节码合约

复制弹出页中“RAW DATA”域的代码存入一个文本文件或者记事本中，终止交易。同时要完成这个操作用户还需要有合约的地址，在合约栏找到合约地址，用同样的方法复制和保存。

现在回到会员制自治组织合约并创建一个新的提案，使用如下参数，如图8.6所示。

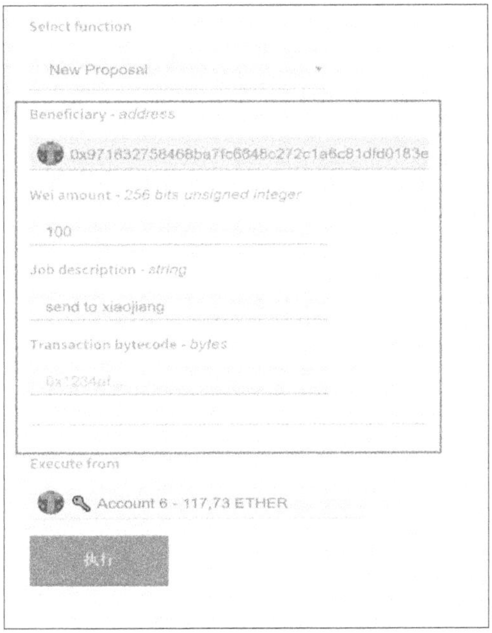

图 8.6　合约信息及函数查看

（1）对受益人，把新创建的“虚拟币”地址复制过来（注意图标是否相同）。

（2）原“虚拟币”数量保持为空白。

（3）在工作描述部分，写一个有关用户想完成工作的简单说明。

（4）在交易字节码部分，把用户前述步骤从“数据”域中复制的字节码粘贴上去。

随后用户将能够看到提案的详细信息。交易字节码在这里将不会显示，而仅会出现一个交易散列值。不同于其他域，这时字节码可能会很长，在区块链中保存会非常贵。如不用保存到区块链中，用户可以通过执行函数调用来提供字节码。

不过，如果采用这个办法将存在一个安全漏洞：一个提案如果在这里没有实际的代码，成员怎么对它投票呢？同时，提案如果已经完成投票，怎样防止成员执行一个不同的代码呢？这里交易散列将发挥作用。在“读取合约”函数列表中，可以看到一个提案检查函数，任何成员都可以用该散列码验证函数来检查所看到的提案是否与他们已经投票的提案完全一致。这个方法同时也保证了除非字节码的散列完全与提案的散列一致，否则提案不能被执行。

任何成员都能按照相同的步骤使用提案码检查函数，通过获得正确的字节码，输入正确的提案号，很容易检查提案。

投票进程的其余部分都是相同的，所有的成员都能参与投票，在截止时间后，某成员执行提案。唯一不同的地方是，这次用户需要提供前面已经提交的相同字节码。在确认窗口时可能会出现警告信息，如果提示不执行用户的代码，需要检查截止时间是否已到，是否有足够的投票以及检查用户的交易字节码有没有问题。

3. 进一步优化

当前的The DAOs合约仍然存在如下一些缺陷，需要大家进一步来改进。

（1）制定成员名单表并能排序和公示出来。

（2）允许成员改变他们的投票（在投票后但在计票前）。

（3）当前投票消息仅在日志中可见，如何设计函数可以显示所有的投票信息及过程。

8.2 股东会组织

在8.1节中，创建合约的工作机制类似于一个只接受邀请成员的俱乐部，这里所有的成员由会长或主席邀请或禁止加入。但这个合约存在一些缺陷，如果一些成员想改变他们的账户地址怎么办？如果一些成员需要比另一些成员有更多的权重怎么办？如果成员希望该组织像一个持续决策机一样工作怎么办？

对前述合约结合一个特殊的“虚拟币”进行一些修改，这样就像持有这个合约的“股权”。首先创建这个“虚拟币”，按照第6章所介绍的内容创建一个简单的“虚拟币”并设定其初始供给为100，精度为0，符号为百分号“%”。如果希望可以以更小的份额进行交易，可以按100倍或1 000倍来增加“虚拟币”供给。部署合约并把合约地址保持到文本文件中。

8.2.1 ▷ 合约代码

这个“持股”合约代码如下。

```
pragma solidity ^0.4.2;
/* “虚拟币”用来作为投票权*/
contract token { mapping (address => uint256) public balanceOf; }
/* 定义所有者*/
contract owned {
    address public owner;
    function owned(){
        owner = msg.sender;
    }
    modifier onlyOwner {
        if (msg.sender != owner) throw;
        _;
    }
    function transferOwnership (address newOwner) onlyOwner {
```

```
        owner = newOwner;
    }
}
contract tokenRecipient {
    event receivedEther (address sender, uint amount) ;
    event receivedTokens (address _from, uint256 _value, address
_token, bytes _extraData) ;
    function receiveApproval (address _from, uint256 _value,
address _token, bytes _extraData) {
        Token t = Token (_token) ;
        if (!t.transferFrom (_from, this, _value) ) throw;
        receivedTokens (_from, _value, _token, _extraData) ;
    }
    function()payable {
        receivedEther (msg.sender, msg.value) ;
    }
}
contract Token {
    function transferFrom (address _from, address _to, uint256 _
value) returns (bool success) ;
}
/* 民主合约*/
contract Association is owned, tokenRecipient {
    /* 合约变量和事件*/
    uint public minimumQuorum;
    uint public debatingPeriodInMinutes;
```

```
    Proposal[] public proposals;
    uint public numProposals;
    token public sharesTokenAddress;
     event ProposalAdded (uint proposalID, address recipient, uint
amount, string description) ;
    event Voted (uint proposalID, bool position, address voter) ;
     event ProposalTallied (uint proposalID, uint result, uint quorum,
bool active) ;
    event ChangeOfRules (uint minimumQuorum, uint
debatingPeriodInMinutes, address sharesTokenAddress) ;
    struct Proposal {
        address recipient;
        uint amount;
        string description;
        uint votingDeadline;
        bool executed;
        bool proposalPassed;
        uint numberOfVotes;
        bytes32 proposalHash;
        Vote[] votes;
        mapping (address => bool) voted;
    }
    struct Vote {
        bool inSupport;
        address voter;
    }
```

```
    /* 修饰函数只允许“持股成员”投票和提交提案*/
    modifier onlyShareholders {
            if (sharesTokenAddress.balanceOf (msg.sender) == 0)
throw;
        _;
    }
    /* 构造函数*/
    function Association (token sharesAddress, uint
minimumSharesToPassAVote, uint minutesForDebate) payable {
        changeVotingRules (sharesAddress,
minimumSharesToPassAVote, minutesForDebate) ;
    }
    /*改变规则*/
    function changeVotingRules (token sharesAddress, uint
minimumSharesToPassAVote, uint minutesForDebate) onlyOwner {
        sharesTokenAddress = token (sharesAddress) ;
        if (minimumSharesToPassAVote == 0)
minimumSharesToPassAVote = 1;
        minimumQuorum = minimumSharesToPassAVote;
        debatingPeriodInMinutes = minutesForDebate;
        ChangeOfRules (minimumQuorum,
debatingPeriodInMinutes, sharesTokenAddress) ;
    }
    /*提交提案函数*/
    function newProposal (
        address beneficiary,
```

```
        uint etherAmount,
        string JobDescription,
        bytes transactionBytecode
    )
        onlyShareholders
        returns (uint proposalID)
    {
        proposalID = proposals.length++;
        Proposal p = proposals[proposalID];
        p.recipient = beneficiary;
        p.amount = etherAmount;
        p.description = JobDescription;
        p.proposalHash = sha3 (beneficiary, etherAmount,
transactionBytecode) ;
        p.votingDeadline = now + debatingPeriodInMinutes * 1 minutes;
        p.executed = false;
        p.proposalPassed = false;
        p.numberOfVotes = 0;
        ProposalAdded (proposalID, beneficiary, etherAmount,
JobDescription) ;
        numProposals = proposalID+1;
        return proposalID;
    }
    /* 验证提案字节码是否匹配*/
    function checkProposalCode (
        uint proposalNumber,
```

```
        address beneficiary,
        uint etherAmount,
        bytes transactionBytecode
    )
        constant
        returns (bool codeChecksOut)
    {
        Proposal p = proposals[proposalNumber];
        return p.proposalHash == sha3 (beneficiary, etherAmount,
transactionBytecode) ;
    }
    function vote (uint proposalNumber, bool supportsProposal)
        onlyShareholders
        returns (uint voteID)
    {
        Proposal p = proposals[proposalNumber];
        if (p.voted[msg.sender] == true) throw;
        voteID = p.votes.length++;
            p.votes[voteID] = Vote ({inSupport: supportsProposal,
voter: msg.sender}) ;
        p.voted[msg.sender] = true;
        p.numberOfVotes = voteID +1;
        Voted (proposalNumber, supportsProposal, msg.sender) ;
        return voteID;
    }
      function executeProposal (uint proposalNumber, bytes
```

```
transactionBytecode) {
    Proposal p = proposals[proposalNumber];
    /* 检查提案是否能执行*/
    if (now < p.votingDeadline   /* 截止时间是否到? */
        ||  p.executed   /* 是否已经执行? */
        ||  p.proposalHash != sha3 (p.recipient, p.amount,
transactionBytecode) ) /* 交易字节码是否与提案字节码匹配? */
        throw;
    /* 统计投票*/
    uint quorum = 0;
    uint yea = 0;
    uint nay = 0;
    for (uint i = 0; i <   p.votes.length; ++i) {
        Vote v = p.votes[i];
        uint voteWeight = sharesTokenAddress.balanceOf (v.voter) ;
        quorum += voteWeight;
        if (v.inSupport) {
            yea += voteWeight;
        } else {
            nay += voteWeight;
        }
    }
    /* 执行投票结果*/
    if (quorum <= minimumQuorum) {
        /*没有足够的投票数*/
        throw;
```

```
    } else if (yea > nay) {
        /*数量是否达到要求*/
        p.executed = true;
        if (!p.recipient.call.value (p.amount * 1 ether)
(transactionBytecode) ) {
            throw;
        }
        p.proposalPassed = true;
    } else {
        p.proposalPassed = false;
        }
        // 启动事件
          ProposalTallied (proposalNumber, yea - nay, quorum, p.
proposalPassed) ;
    }
}
```

8.2.2 ▷ 部署与应用

代码部署与前述代码的部署几乎完全相同，“虚拟币”代表投票权，“虚拟币”地址即投票权地址。注意这些行代码，首先描述“虚拟币”合约来定义新合约，由于它仅使用 balanceOf函数，因此，只需增加如下这一行命令。

```
contract token { mapping（address => uint256）public balanceOf; }
```

然后定义一个token类型的变量，这意味着它将继承前面描述的所有函数。最后，把这个token变量指向区块链上的一个地址，这样它能使用相应合约及所需要的实时信息。

```
contract Association {
    token public sharesTokenAddress;
...
function Association (token sharesAddress, uint minimumSharesForVoting,
uint minutesForDebate) {
    sharesTokenAddress = token (sharesAddress) ;
```

股东会合约提出了前述会员制合约所没有的新问题，由于任何拥有该“虚拟币”的成员都能投票，账户余额将快速变化，因而不能统计“持股成员”投票时提案的实际投票情况，否则有成员能够通过不同地址用他的“股权”进行多次投票。因此，这个合约在投票阶段仅记录投票权，实际投票统计在提案执行时才执行。

```
/* 统计投票*/
uint quorum = 0;
uint yea = 0;
uint nay = 0;
for (uint i = 0; i <   p.votes.length; ++i) {
    Vote v = p.votes[i];
    uint voteWeight = sharesTokenAddress.balanceOf (v.voter) ;
    quorum += voteWeight;
    if (v.inSupport) {
        yea += voteWeight;
    } else {
        nay += voteWeight;
    }
}
```

此外，通过创建一个单一符号整数来保持投票记录并最终检查是赞同还是反对，也可以实现同样的目标，即在投票阶段仅记录投票权。但用户必须使用int score=int（voteWeight）把balanceOf中的非符号数转变成符号数。

The DAOs合约的使用与前述合约相同，“持股成员”提出一个新的提案，大家对提案投票，截止时间过了以后，某成员统计投票并执行提案。

如何限制所有者的权利？

把合约地址设为所有者，且具有一些特殊的权利：他们可以随意增加或删除成员、改变投票规则、调整争议时间以及设置投票通过所需要的数量。这个问题可以通过变更合约所有者来解决。

所有者可以通过指定新的所有者为0x00000，则所有成员都将不再拥有所有者权利。采用这个方法将保证合约规则永远不会改变，这个操作是一个不可逆操作。所有者也可以将所有权改变为合约自身。通过复制合约地址，并且把它加到“new owner”域，这将使合约所有者的权利通过创建提案的方式来执行。用户也可以把一个合约设成另一个合约的所有者。用户可以创建一个会员制合约并由一个单独账户拥有，比如使用mintable token的会员制合约。

8.3 代表制民主

在民主组织的实施中，投票和合约执行将花费时间并需要其成员保持持续的活跃，充分掌握信息并且保持专注，在这种操作中可能会面临普通成员参与度不足的问题。解决这个问题的一种方法是选择指定的账户代表自身参与投票及对相关提案迅速做出决定。

这里实现一个称为代表制民主的合约版本，采用更加灵活的委托式民主机制。在这部分民主合约中，投票成员可能是一个潜在的代表，不同于成员直接投票给候选人，成员只需将自己的投票权转交给自己所信任的人。成员的投票权由自己信任的人代表，而这些代表也可以把投票权转移给他们所信任的人，依次类推，最终拥有最多投票账户支持的成员就是受到最多投票人所信任的。

8.3.1 ▷ 合约代码

代表制民主的合约部署代码如下。

```
pragma solidity ^0.4.2;
contract token {
    mapping (address => uint256) public balanceOf;
}
contract LiquidDemocracy {
    token public votingToken;
    bool   underExecution;
    address public appointee;
    mapping (address => uint) public voterId;
    mapping (address => uint256) public voteWeight;
    uint public delegatedPercent;
    uint public lastWeightCalculation;
    uint public numberOfDelegationRounds;
    uint public numberOfVotes;
    DelegatedVote[] public delegatedVotes;
    string public forbiddenFunction;
    event NewAppointee (address newAppointee, bool changed) ;
    struct DelegatedVote {
        address nominee;
        address voter;
    }
```

```
    function LiquidDemocracy (
        address votingWeightToken,
        string forbiddenFunctionCall,
        uint percentLossInEachRound
    ) {
        votingToken = token (votingWeightToken) ;
        delegatedVotes.length++;
        delegatedVotes[0] = DelegatedVote ({nominee: 0, voter: 0}) ;
        forbiddenFunction = forbiddenFunctionCall;
        delegatedPercent = 100 - percentLossInEachRound;
        if (delegatedPercent > 100) delegatedPercent = 100;
    }
    function vote (address nominatedAddress) returns (uint voteIndex) {
        if (voterId[msg.sender]== 0) {
            voterId[msg.sender] = delegatedVotes.length;
            numberOfVotes++;
            voteIndex = delegatedVotes.length++;
            numberOfVotes = voteIndex;
        }
        else {
            voteIndex = voterId[msg.sender];
        }
        delegatedVotes[voteIndex] = DelegatedVote ({nominee:
nominatedAddress, voter: msg.sender}) ;
        return voteIndex;
    }
```

```
    function execute (address target, uint valueInEther, bytes32
bytecode) {
        if (msg.sender != appointee
        // 函数调用者是否是当前候选人
            || underExecution //
            // 是否函数已执行
            || bytes4 (bytecode) == bytes4 (sha3 (forbiddenFunction) )
            //如果不是执行禁止函数
            || numberOfDelegationRounds < 4)
            //统计次数是否已经足够
            throw;
        underExecution = true;
        if (!target.call.value (valueInEther * 1 ether)  (bytecode) ) {
        //执行命令
            throw;
        }
        else {
            underExecution = false;
        }
    }
    function calculateVotes()returns (address winner) {
        address currentWinner = appointee;
        uint currentMax = 0;
        uint weight = 0;
        DelegatedVote v = delegatedVotes[0];
        if (now > lastWeightCalculation + 90 minutes) {
```

```
            numberOfDelegationRounds = 0;
            lastWeightCalculation = now;
            //分配初始权重
            for (uint i=1; i< delegatedVotes.length; i++) {
                voteWeight[delegatedVotes[i].nominee] = 0;
            }
            for (i=1; i< delegatedVotes.length; i++) {
                        voteWeight[delegatedVotes[i].voter] =
votingToken.balanceOf (delegatedVotes[i].voter) ;
            }
        }
        else {
            numberOfDelegationRounds++;
            uint lossRatio = 100 * delegatedPercent **
numberOfDelegationRounds / 100 ** numberOfDelegationRounds;
            if (lossRatio > 0) {
                for (i=1; i< delegatedVotes.length; i++) {
                    v = delegatedVotes[i];
                    if (v.nominee != v.voter && voteWeight[v.voter] > 0) {
                        weight = voteWeight[v.voter] * lossRatio / 100;
                        voteWeight[v.voter] -= weight;
                        voteWeight[v.nominee] += weight;
                    }
                    if (numberOfDelegationRounds>3 &&
voteWeight[v.nominee] > currentMax) {
                    currentWinner = v.nominee;
```

```
                    currentMax = voteWeight[v.nominee];
                }
            }
        }
    }
        if (numberOfDelegationRounds > 3) {
            NewAppointee (currentWinner, appointee ==
currentWinner) ;
            appointee = currentWinner;
        }
        return currentWinner;
    }
}
```

8.3.2 ▷ 合约部署

首先，需要一个“虚拟币”。如果已经按照前述股东会合约流程方法创建了一个“虚拟币”，则本例仍可以使用这个“虚拟币”。否则，需要重新创建一个新的“虚拟币”，然后把“虚拟币”在不同账户之间进行分配。

复制“虚拟币”地址，部署合约，然后把“虚拟币”地址粘贴到投票权“虚拟币”上，把每轮的percent loss设为75，并禁用transferOwnership。

现在部署代表制民主合约，进入合约页面。首先由一些“持股成员”投票给他们所信任的合约决策者。如果用户希望自己是最后的决策者可以投票给自己；如果不希望任何人拥有这个权利，可以将地址设为0。

在有了足够多的成员选择了合约决策者后，可以执行Calculate Votes函数来统计每个成员的投票权重。这个函数需要运行多次，第一轮运行将只是在所选“虚拟币”账户中设置每个成员的权重，第二轮运行将归入用户所指定的投票成员账户，第三轮运行将进一步归集，依次类推。为了防止投票统计的无限循环，投票每进行一轮将损失一部分权利，这个通过合约参数PersentLossInEachRound来设置。如果设置损失为75%，这意味着被用户投了票的成员获得该用户权重的100%，但是如果这些成员代表用户投票给其他成员，那么仅有75%的投票权能够转移，而被投票的成员再进一步投票给其他成员，则该用户的投票权重将变为56%，依次类推，每循环一次递减一次。如果这个比率低于100%，这将是一个有限的循环，重新计算投票代表将不会改变投票结果。如果把代表比率设为100%，这意味着投票权重将在一个潜在的循环中不断重复。如果调用计票统计函数后已有一个半小时，所有的权重将重置并将基于最初的“虚拟币”账户重新统计。

8.4 决策与行政分离

投票代表制合约有什么用？用户能使用它来替代在股东合约中的“虚拟币”权重。在8.3.1节的合约代码中，从代表制民主合约中获得代码然后在首行替换用于描述“虚拟币”的语句行。

8.4.1 ▷ 合约代码

投票代表制合约代码可以通过如下方式获得。

```
contract token {
    mapping (address => uint256) public balanceOf;
}
```

修改为如下代码。

```
contract token {
    mapping (address => uint256) public voteWeight;
    uint public numberOfDelegationRounds;
```

```
    function balanceOf (address member) constant returns (uint256
balance) {
        if (numberOfDelegationRounds < 3)
        return 0;
    else
        return this.voteWeight (member) ;
    }
}
```

用户写合约代码时，可描述更多的合约，并用于用户的主合约中。有些函数及变量可能已经在目标合约中定义，如voteWeight和数据OfDelegationRounds。但是balanceOf是一个新函数，既不存在于Liquid Democracy合约中，也不存在于Association合约中，下面假设定义它——这个函数将在至少三轮投票统计后返回投票权重。

使用 Liquid Democracy合约作为“虚拟币”地址，替换原来的“虚拟币”，仍然按通常方法使用Shareholder Association合约。如前文所述，用户创建一个新的提案并要求在这个议题上投票。但现在，不同于直接使用“虚拟币”作为投票权，这里是使用一个委托过程。因此，如果用户是一个投票人，用户不必对所有的相关议题保持关注，只需选择用户信任的某人并指定他投票，同时该指定人也可以选择他所信任的某人。这样用户的代表将不受地理区域的限制，可能就是用户社交圈中的某人。这意味着用户能在任何时候转移用户的投票权，如果用户的代表投票反对用户所赞成的某些议题，在提案投票计票之前，用户可以改变用户的指定代表人，或者在这个议题上把自己作为代表，然后自己重新投票。

8.4.2 ▷ 行政部门

委托式民主是选取代表的好方法，但对一些重要或简单的决定都通过提案投票的方式来决策，会降低效率，这就是需要有行政部门的原因之一。

在四轮代表投票之后，具有更多权重的地址将被设定为合约的委托责任人。如有很多的委托投票，选出委任人地址则需要更多轮数的投票统计。

委任人是能够调用执行函数的唯一地址，这个地址能够代表所有投票人执行任何函数调用。如果在Liquid Democracy合约中存储有“虚拟币”，委任人可被允许把这些“虚拟币”转账到其他地方。

假如用户已经按照上述例子创建了一个股东会合约并可使用Liquid Democracy合约中存储的“虚拟币”，用户可以用这种模式建立行政部门机制，在协会合约的主地址执行一个Liquid Democracy合约所有权转移函数。

一旦转移完成，比如转到Change Voting Rules函数。这个函数允许用户来改变一些重要的投票规则，如重新设置通过投票的最小数，或者提案讨论的截止时间。改变相关设置并单击“执行”按钮，若确认窗口弹出时指出这个交易不能够执行，这是因为这些设置仅能由合约的所有者修改，其他地址对合约的调用将被拒绝。不要输入密码，复制数据字段上的代码，并将其保存到文本文件中。单击“取消”按钮，拉动滚动条到顶部并单击“复制地址”，并将其保存到文本文件中。

现在转到“Liquid Democracy”页面并选择“执行”。在目标上放置关联合约的地址，将“虚拟币”保留为0，并将复制的代码粘贴到字节码数据字段中，确保用户执行它设置为指定的账户，单击“执行”按钮。

一旦交易被执行，Liquid Democracy将通过“股东”的命令，新的投票规则就将可以使用。委任人具有权利执行Liquid Democracy合约可以执行的操作。用户可以使用相同的技术创建一个由委任民主拥有的增发“虚拟币”，然后让委任人增发“虚拟币”或冻结账户。

为了防止滥用权利，用户可以设置一个委任人永远不能做的禁止功能，按照前述例子被禁止的功能是transferOwnership（地址），以防止委任人转移组织的所有权给自己。

8.5 延时交易执行

很多时候，时间其实也是一个很好的安全机制。其实不是每一个操作都需要其他很多成员的赞同，任何事务都可以由一个成员发起，但是他们在执行之前都需要一个最小的延迟时间，其延迟多少取决于交易所拥有的支持度。一个提案的支持度越高，执行的速度就越快。成员如果投票反对交易，这意味着它将取消其他相应部分赞成的签名。

如果提案时间上要求并不紧急，可能需要一个或两个签名就可以来执行事务。但是如果仅有一小部分成员赞成，另外大部分成员反对，则执行将被延迟数月甚至数年，或者根本不执行。

8.5.1 ▷ 工作机制

如果所有成员都赞同交易，则计票后10分钟即可执行（这个数量可修改），但如果每增加5%以上的成员不参与投票，延迟时间增加一倍（如果他们投反对票则需增加四倍）。如果它是一个简单的以太坊交易，一旦达到所支持投票规定的时间，事务即可执行，但如果属于一个较复杂的交易，则需要手动设置正确的字节码执行。如下是批准交易的投票数与执行延迟时间的一些默认值，用户创建合约时可以根据具体情况进行调整。

- 100% 赞同：10分钟（默认最少时间）
- 90% 赞同：40分钟
- 80%赞同：2小时40分钟
- 50%赞同：大约一周

- 40%赞同：1月
- 30%赞同：4月
- 20%赞同：超过一年
- 10% 或更少赞同：5年或不执行

一旦所需的延迟时间过去，任何人都可以执行交易，正如通过定时执行交易或雇用其他人来执行一样。

8.5.2 ▷ 合约代码

合约部署的代码如下，其是基于会员制The DAOs，但有些不同的变化。

```
pragma solidity ^0.4.2;
contract owned {
    address public owner;
    function owned(){
        owner = msg.sender;
    }
    modifier onlyOwner {
        if (msg.sender != owner) throw;
        _;
    }
    function transferOwnership (address newOwner) onlyOwner {
        owner = newOwner;
    }
}
contract tokenRecipient {
    event receivedEther (address sender, uint amount) ;
    event receivedTokens (address _from, uint256 _value, address
```

```
_token, bytes _extraData) ;
        function receiveApproval (address _from, uint256 _value,
address _token, bytes _extraData) {
            Token t = Token (_token) ;
            if (!t.transferFrom (_from, this, _value) ) throw;
            receivedTokens (_from, _value, _token, _extraData) ;
        }
        function()payable {
            receivedEther (msg.sender, msg.value) ;
        }
}
contract Token {
        function transferFrom (address _from, address _to, uint256 _
value) returns (bool success) ;
}
contract TimeLockMultisig is owned, tokenRecipient {
        /* 合约变量和事件*/
        Proposal[] public proposals;
        uint public numProposals;
        mapping (address => uint) public memberId;
        Member[] public members;
        uint minimumTime = 10;
        event ProposalAdded (uint proposalID, address recipient, uint
amount, string description) ;
        event Voted (uint proposalID, bool position, address voter,
string justification) ;
```

```
    event ProposalExecuted (uint proposalID, int result, uint
deadline) ;
  event MembershipChanged (address member, bool isMember) ;
  struct Proposal {
      address recipient;
      uint amount;
      string description;
      bool executed;
      int currentResult;
      bytes32 proposalHash;
      uint creationDate;
      Vote[] votes;
      mapping (address => bool) voted;
  }
  struct Member {
      address member;
      string name;
      uint memberSince;
  }
  struct Vote {
      bool inSupport;
      address voter;
      string justification;
  }
  /* 修饰函数允许“持股成员”、投票成员提交提案*/
  modifier onlyMembers {
```

```
            if (memberId[msg.sender] == 0)
            throw;
            _;
    }
    /* 构建函数 */
        function TimeLockMultisig (address founder, address[]
initialMembers, uint minimumAmountOfMinutes) payable {
            if (founder != 0) owner = founder;
            if (minimumAmountOfMinutes !=0) minimumTime =
minimumAmountOfMinutes;
            // 在首行加入一个空的成员
            addMember (0, '') ;
            // 加入创建者
            addMember (owner, 'founder') ;
            changeMembers (initialMembers, true) ;
    }
    /*加入成员*/
    function addMember (address targetMember, string memberName)
onlyOwner {
            uint id;
            if (memberId[targetMember] == 0) {
             memberId[targetMember] = members.length;
             id = members.length++;
             members[id] = Member ({member: targetMember,
memberSince: now, name: memberName}) ;
             } else {
```

```
            id = memberId[targetMember];
            Member m = members[id];
        }
        MembershipChanged (targetMember, true) ;
    }
    function removeMember (address targetMember) onlyOwner {
        if (memberId[targetMember] == 0) throw;
        for (uint i = memberId[targetMember]; i<members.length-1; i++) {
            members[i] = members[i+1];
        }
        delete members[members.length-1];
        members.length--;
    }
    function changeMembers (address[] newMembers, bool canVote) {
        for (uint i = 0; i < newMembers.length; i++) {
            if (canVote)
                addMember (newMembers[i], '') ;
            else
                removeMember (newMembers[i]) ;
        }
    }
    /* 创建新提案函数*/
    function newProposal (
        address beneficiary,
        uint weiAmount,
        string jobDescription,
```

```
        bytes transactionBytecode
    )
        onlyMembers
        returns (uint proposalID)
    {
        proposalID = proposals.length++;
        Proposal p = proposals[proposalID];
        p.recipient = beneficiary;
        p.amount = weiAmount;
        p.description = jobDescription;
        p.proposalHash = sha3 (beneficiary, weiAmount,
transactionBytecode) ;
        p.executed = false;
        p.creationDate = now;
        ProposalAdded (proposalID, beneficiary, weiAmount,
jobDescription) ;
        numProposals = proposalID+1;
        vote (proposalID, true, '') ;
        return proposalID;
    }
    /* 创建新提案函数*/
    function newProposalInEther (
        address beneficiary,
        uint etherAmount,
        string jobDescription,
        bytes transactionBytecode
```

```
    )
        onlyMembers
        returns (uint proposalID)
    {
    return newProposal (beneficiary, etherAmount * 1 ether,
jobDescription, transactionBytecode) ;
    }
    /* 验证提案字节码是否匹配函数*/
    function checkProposalCode (
        uint proposalNumber,
        address beneficiary,
        uint etherAmount,
        bytes transactionBytecode
    )
        constant
        returns (bool codeChecksOut)
    {
        Proposal p = proposals[proposalNumber];
        return p.proposalHash == sha3 (beneficiary, etherAmount,
transactionBytecode) ;
    }
    function vote (
        uint proposalNumber,
        bool supportsProposal,
        string justificationText
    )
```

```
        onlyMembers
        returns (uint voteID)
    {
        Proposal p = proposals[proposalNumber];
        // 获取提案
        if (p.voted[msg.sender] == true) throw;
        //如果已经投票, 终止执行
        p.voted[msg.sender] = true;
        // 设置该投票成员已经投票
        if (supportsProposal) {
        // 如果支持这个提案
            p.currentResult++;
            // 增加计数
        } else {
        // 如果不支持
            p.currentResult--;
            // 减少计数
        }
        // 创建事件日志
        Voted (proposalNumber, supportsProposal, msg.sender,
justificationText) ;
        // 如果达到执行条件, 执行提案
        if (now > proposalDeadline (proposalNumber)
            && p.currentResult > 0
           && p.proposalHash == sha3 (p.recipient, p.amount, '')
           && supportsProposal) {
```

```
                executeProposal (proposalNumber, '') ;
            }
        }
        function proposalDeadline (uint proposalNumber) constant
returns (uint deadline) {
            Proposal p = proposals[proposalNumber];
            uint factor = calculateFactor (uint (p.currentResult) ,
(members.length - 1) ) ;
            return p.creationDate + uint (factor * minimumTime *    1 minutes) ;
        }
        function calculateFactor (uint a, uint b) constant returns (uint factor) {
            return 2** (20 - (20 * a) /b) ;
        }
        function executeProposal (uint proposalNumber, bytes
transactionBytecode) returns (int result) {
            Proposal p = proposals[proposalNumber];
            /* 检查提案是否能够执行：
            投票截止时间是否已到?
            是否已经执行或正在执行?
            交易字节符验证是否匹配?
            是否达到最低赞成票数?
            */
            if (now < proposalDeadline (proposalNumber)
                || p.currentResult <= 0
                || p.executed
                || !checkProposalCode (proposalNumber, p.recipient,
```

```
p.amount, transactionBytecode) )
                throw;
            p.executed = true;
            if (!p.recipient.call.value (p.amount)  (transactionBytecode) ) {
                throw;
            }
            // Fire Events
            ProposalExecuted (proposalNumber, p.currentResult,
proposalDeadline (proposalNumber) ) ;
    }
}
```

8.5.3 ▷ 部署和使用

在部署合约并进行参数设置时，如最小时间留空，将默认为30分钟，如果想要让锁定时间变得更快一些，可以设置为1分钟。合约部署成功后，执行“添加成员”功能添加组中的新成员，他们可以是你所知道的其他用户，也可以是不同计算机上存储或脱机存储的账户。

设置为“所有者”的账户权利非常大，因为它可以随意添加或删除成员。因此，在添加主要成员之后，建议通过执行函数转移成员将“所有者”设置到另一个账户。如果用户想像其他的交易那样通过成员投票的方式来添加或移除成员，也可以把“所有者”设置为multisig本身。用户还可以把“所有者”设为另一个可信multisig钱包，或者直接设为0x000000，这样成员的数目将是永远固定的。合约上的“虚拟币”和“业主”账户同等安全。

对提案投反对票只不过是减少了相应数量的支持票而已。如果用户需要，用户可以让反对票具有更大的权利，但这意味着少数成员可以对交易的提议拥有有效的否决权！

思考题

❶ 使用本章所介绍的去中心化组织合约代码，通过Mist部署合约，在Mist中操作使用去中心化组织合约的各项函数。

❷ 结合去中心化组织合约及你自身的应用需求，对去中心化组织合约进行适当改造与调用。

❸ 假设把你现有的组织改造成一个去中心化组织，请说明改造思路及具体改造方案。

参考文献 REFERENCES

[1] 黄亮新. 区块链+:“无中介”驱动的世界 [EB/OL].(2016-09-19)[2016-10-10].

[2] 2014—2016 全球比特币发展研究报告 [R]. 新浪科技,2016.

[3] 张健. 区块链:定义未来金融与经济新格局 [M]. 北京:机械工业出版社,2016.

www.ingramcontent.com/pod-product-compliance
Lightning Source LLC
LaVergne TN
LVHW072305081026
849580LV00033B/2894
* 9 7 8 7 1 1 5 4 8 4 8 3 3 *